SHO P PING
E A TING
R ELAXING
T RAVELING
Y ES!

男人的日本 女人的日本

張國立＋趙薇◎著

男人自得其樂，女人吃得滿意

男人走老街，女人逛大街

男人女人都愛的天堂

男人賞楓，女人追櫻

趙薇・四天三夜追著櫻花跑

從大阪到奈良、京都，再回到大阪，
還是「花見菜鳥」的我，
竟然一口氣看遍了日本賞櫻三大名地！
如果再給我一次機會，我會自備好野餐布，
帶上飯糰、好茶和各式和果子，
在櫻花樹下來個「花見宴」。

張國立・京都賞楓驚見銀杏

在京都，紅楓與銀杏皆可見，
只要散散步，幾乎可以把勝景一覽無遺，
只不過含蓄、自然、輕鬆，對某些習慣按照計畫趕路的人無效，
站在東大寺虔誠地向菩薩感恩這一路上賜我平安，
身旁的女人卻說，然後呢？……

四天三夜追著櫻花跑

趙薇

有一年初春，突發奇想去京都賞櫻並順道拜訪日本朋友——佐佐木麗。麗曾經在台北學中文，回大阪半年多還在到處晃蕩。她在伊媚兒裡說：「我還住在爸媽家，還沒開始找工作，每天過很不好的生活……」這個麗啊！中文還是二二六六……不過聽她說過得不好，讓我更堅定去探望她的心意。

日本人稱賞櫻為「花見」。櫻花開花期只有一個星期左右，所以要「見花」還不容易呢。雖然日本氣象廳每年三月都會公布「櫻前線」，也就是從天氣情況來預測開花日期的地圖線，一般來說，每年三月下旬從九州南部開始盛開，然後以每天二十公里的速度一路從四國、關東、北陸然後往東北、北海道開去。

有時櫻花前線也不準，有一年我就是等到櫻花前線確定後才訂票，想也知道根本訂不到。於是這次早早就先訂了三月二十七日出發，卻沒想正好碰到日本氣象廳搞烏龍，花期整整提早了一星期，後來還修改了三次。據說櫻花最佳觀賞期是開花後第五到第八天，如果照我當初的計畫出發就只有花苞可看了。

儘管賞櫻還分為三分開、五分開、七分開然後滿開，期間各

也有老人已經開始玩起牌了。

每年櫻花季一到，毛馬櫻之宮公園內就湧進了賞櫻的人潮，有人下午就開始占位子。

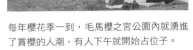

有不同的風情，可是我這人就是硬頸就是固執，非要看到滿開不可。比起看含苞的話那我寧可欣賞「花吹雪」，也就是花謝如雨般落下的浪漫場面。

儘管拿到的機位來回只有四天，貪心的我還是做了京阪奈三城的追櫻計畫。因為訂不到房，只好住在大阪梅田附近的商業旅館，以大阪為基地再出發去奈良和京都，還好搭電車都是只有三十分鐘左右的車程。

京都、大阪、奈良三地被認為是日本賞櫻三大名地，這三地是過去的舊京，也有人稱「三都」。從嵯峨天皇開始，遍植櫻花，而且舉辦各種「花見雅宴」。在京都賞櫻尤其美，市內數百座古寺庭院，幾乎院院有櫻花。在古寺的襯托之下，粉色櫻花看起來尤其風情萬種。

大阪櫻ノ宮公園

第一天到大阪已經下午，辦好住房手續，我已經迫不及待趕快衝去找飯店附近的毛馬櫻之宮公園，我還沒找到所謂的公園，就已經看到河的兩岸滿滿的櫻花，只能用花海來形容。這條淀河沿河四公里長，兩旁有四千多株櫻花，據說日本上百個河畔櫻堤景點，沒有一個比得上櫻之宮的。

毛馬櫻之宮公園沿河兩岸全部都是日本最常見的染井吉野櫻，花色是淡雅的粉紅，但整片看起來卻顯得蒼白。那天下午天氣陰陰的，拍來拍去好像就是一個樣？忽然想通了，我應該是來賞櫻而不是來拍照的，為什麼不放輕鬆好好的遊花河呢？

就像東京的隅田川一樣，大阪淀河在櫻花季也會推出遊船服務，沿河欣賞四千多株的櫻花盛開景象。

因為不是假日，河兩岸沒有太多人潮，連路旁攤販好像都不急著開張，一副在等天黑的模樣（據說晚上很多上班族會來喝酒賞櫻）。從飯店出來得匆忙，沒帶茶水也沒帶零食，就覺得這樣的賞花太沒意思。日本人天性多愁善感，從江戶時期就有傳說：「做人就該做武士，當花則非櫻花不可」這樣的說法。而櫻花散落的時候極盡蕭瑟，也會讓人有切腹的衝動。我是不知道花謝時有多詩意，但是一想到賞櫻沒有東西可吃的時候就想跳河了。

天色已晚，人潮開始陸續進駐，這裡就像東京的上野公園，是大阪公司行號下班後喝酒賞櫻的聖地。有的人陸續鋪上塑膠布，搬來一箱箱的酒，喝酒賞櫻是日本人的習慣，新人不是才剛上班嗎？（日本商社和學校都是四月一日展開新工作和新學期）怎麼就一副不醉不歸，全都要醉倒櫻花樹下的氣勢。划拳、喧鬧、唱歌……聽說北海道的賞櫻重頭戲是烤肉呢！這不會有點破壞氣氛嗎？實在無法聯想當年豐臣秀吉大將軍舉辦花見宴是怎樣的情景？

櫻之宮公園的夜間賞櫻是留給那些辛苦工作、藉機狂歡的上班族，我這閒閒沒事的觀光客留下來反而覺得孤單，於是往市區內移動找晚飯吃。

到過大阪三次，沒有一次好好逛過。每次都是要去京都的途中下車，只為了特別去吃道樂螃蟹（就是那家餐廳外牆上有一隻大大會動的螃蟹招牌的名店）而已。

大阪城。

我與麗。

或許是因為發展得早的影響，大阪和東京相比果然比較像村姑，去過大阪的人一定也對難波商業街印象深刻，除了閃爍的霓虹燈之外，招牌、看板非常花稍，甚至到我這個台灣人都覺得無法接受的程度，講得白一點就是有點俗氣。可是大阪人的熱情卻和台灣人一樣；最深刻的印象是在東京問路不但會碰壁，甚至會得到錯誤的方向。可是我在大阪的經驗是，不但店家會走到馬路上來指示方向，甚至有些路人還會好心帶我一起走。特別讓我印象深刻的是每個人指示完之後不約而同都跟我說：「気をつけて（請小心）！」這跟我在義大利和英國時的經驗一樣，在倫敦的一個星期中，沒聽到半句「Good morning」。可是在義大利旅行就算不會說義大利文，到最後至少也記得一路聽到的「Boungiorno!（日安）」。

一個人的晚餐簡單打發，道頓堀街上的章魚燒已經滿足，甜點則是法善寺前的「夫婦善哉」（紅豆湯）。說也奇怪，在大阪完全沒有逛街瞎拚的慾望。回程在車站商店街裡看到有一家店門前排著人龍，原來是賣鯖魚壽司的，湊熱鬧的我也跟著排隊買了一捲帶回飯店配著茶喝。雖然是充實的一天，但心裡卻仍小小不滿；為什麼張國立沒有一起來，自己卻還是一副「貧窮貴族」的旅行方式呢？

（左）一個人的甜點：夫婦善哉。（右）一個人追櫻花之旅的晚餐：一條押壽司配著飯店提供的茶包，強烈體會到背包客的旅行方式。

奈良公園

第二天早上和麗約好在地鐵站口碰頭，我住的商業旅館搭地鐵轉一站車就可以到梅田，梅田是早期大阪的商業中心，也是交通轉運中心。從這裡出發到難波轉車搭乘近鐵奈良線前往奈良，大約三十分鐘左右。

好久不見的麗氣色很好，比在台北時更漂亮，完全看不出找不到工作的焦躁。兩人嘰嘰喳喳地敘舊，不知不覺已經到達奈良車站。

（上）奈良的鹿出名的是貪吃，不只吃仙貝，只要你袋子裡有香味的東西牠也追著咬。（下）奈良東大寺賞吉野櫻。

過去遊京都的時候，一直想來看看奈良這個古都。除了東大寺的大佛，再就是吉野山的櫻花。可是這趟來的是四月初，吉野山因為山勢高，通常都要到四月中以後櫻花才會盛開，加上來回一趟交通加賞花至少要花上六、七個小時，就算吉野山有三萬株櫻花，漫山野櫻盛開起來一定很驚人，這次時間不夠也只能打消念頭。

奈良賞花第一站是世界遺產「興福寺」。從車站大約五分鐘路程就可以看見興福寺的五重塔，五重塔相當於十七樓高，在日本排名第二，僅次於京都東大寺的五重塔。在日劇「不結婚的男人」裡，建築師小助理在宴會裡把妹，他臭屁地跟女生說：「妳知道法隆寺五重塔有幾層嗎？」女生說：「不是五層嗎？」助理說：「其實只有一層，除了地板之外都是空的。」小女生佩服地發出：「ㄟ～」。我沒研究過日本的寺廟建築，真的不知道只有一層，不過在這之後再看到五重塔，就會想到這個橋段。

興福寺不是賞花重點，但因為沒來過奈良，總要將重要景點全部走一趟才算數。漫遊過興福寺之後，接著向有一千兩百年歷史的春日大社走去。春日大社最有名的就是鹿了。這裡流傳著一則傳說：據說春日大社祭祀的神祇騎著一頭白鹿來到這裡，所以促成了春日大社的興建。這也是奈良鹿的由來。直到今天，鹿在奈良仍是野生而且受到保護的動物。

可是說也奇怪，春日大社裡倒沒有太多鹿的蹤影，來到東大寺才發現，東大寺的鹿數量之多，不但要小心踩到鹿屎，還要提防貪吃的鹿追著你手上的食物跑。

奈良東大寺腹地廣闊，單株櫻樹顯得冷清，但是背景是寺廟又顯得意境悠遠。

去過東大寺的人一定都會買份「鹿仙貝」（しかせんべ），一份兩百日圓，可是貪吃的鹿不一會兒就吃完了，有的小孩把仙貝舉得高高的不讓鹿吃，就會看到被鹿追著跑的景象。每個人都在餵鹿，照相，喊著「可愛い」（kawaii）。至於不餵鹿的人則被鹿追，還不忘照相，喊著「怖い」（kowai），發音差一點點可是意思差很多。讓我想起了在東北搭船遊松島時，人人忙著餵追著船尾飛的海鷗，忘了欣賞松島的美景。眼前這些人也是放著奈良時期佛教全盛的代表作東大寺不管，一個勁兒地和鹿照相。

東大寺裡有一尊高十五公尺的銅造佛像，光是大佛頭上的髮螺，每個都有真人腦袋一般大小，在大佛前又是一堆人一陣亂照。更別說大佛後方有一根大柱子，柱子底下有個大洞，據說鑽過去能帶來好運，又有一堆人忙著鑽洞，旁邊的遊客統統變成啦啦隊大聲助喊，突然覺得好像到了大陸的風景區，原本印象優雅的奈良古都風味就在東大寺被毀了。

已經聽說過春天的時候，東大寺的大佛不是主角，果然，除了東大寺前的一棵大櫻樹和廊道旁的幾株櫻花之外，奈良公園稱不上是賞櫻勝地。倒是在興福寺與春日大社中間，有座冰室神社，一般旅遊的話，這裡來不來都沒關係，可是在花季時，這裡有一株百年樹齡的枝垂櫻，號稱是奈良公園裡最漂亮的櫻花，不看會後悔。

果然，在冰室神社，我在人生中第一次見識到枝垂櫻的美。顧名思義，枝垂櫻就是樹枝上布滿被過量的櫻花，承載不住似的往下垂。枝垂櫻的櫻花是粉桃紅色的，色彩比吉野櫻鮮豔，花滿開的時候，一棵枝垂櫻又比整排吉野櫻更顯得嬌媚動人。

冰室神社的枝垂櫻。

「四天三夜追櫻之旅」的第三天，計畫去京都。因為張國立有個朋友正好也在京都賞櫻，我們相約可以一起走一趟。

圓山公園

這位男性朋友對京都熟門熟路，輪不到我出主意，他已經把路線規畫好，早上十點半先去看圓山公園的古櫻。想像中應該是茶座比連、熱鬧賞花的場景，沒想到意外地冷清。可能是前一天下過雨，店家將鋪著紅布的桌椅都收起來，加上時間還早，店家都沒開張的緣故。

圓山公園內的枝垂老櫻盛開起來如浴火鳳凰。

也因為遊客都還沒出現，才能讓我完整地拍下形狀像似浴火鳳凰的古老櫻樹。

圓山公園裡的「祇園枝垂櫻」，高十二公尺，樹枝張開的寬幅達十公尺。有的旅遊書上說這棵枝垂櫻有兩百年歷史，有的則說只有八十年。查了詳細的資料才發現，這棵櫻樹其實從明治時代就存在，歷經大正、昭和共兩百年的歲月。可是在昭和二十二年，也就是西元一九四七年時枯死了，而在市民的惋惜聲中，找到原本樹齡二十二歲的二代櫻重新栽種在原地，所以到二〇一二年為止，這棵新櫻樹只有八十四歲。

據說種這棵樹的園藝達人一家三代都是櫻狂，從大正時代第十四代傳人開始致力於櫻花品種的植接研究，在二次大戰前，他們家的苗圃裡已經培育出的櫻花品種超過一百種。而種植這棵二代櫻的是第十五代傳人，目前照顧這棵二代櫻的是第十六代的佐野藤右衛門先生，現年八十歲，也就是說，這棵櫻樹幾乎是跟他一起成長的。

日本人種櫻花是有計畫性的，除了一般山上田野的野櫻，有許多是過去以來每任天皇下令在山裡、寺廟種來欣賞，也有像明治時代的皇太子結婚時或者戰爭勝利，都會在全國各地種樹以為紀念。而現代城市裡，林蔭道上種的百分之九十都是染井吉野櫻，一則是因為開花數多，看起來豪華絢爛，另外則是容易培植，五、六年的苗木就可以開花。

一般台灣遊客會去賞的多半都是旅遊勝地，櫻花開時順便賞花，可是在日本各地，有些花是開在荒地裡或是田中央，單獨的一棵直愣愣地立在那裡，通常這種櫻樹都有上百年歷史，甚至有好幾棵是上千年，日本人把這些櫻花稱作「名櫻」，列為保護。我在雜誌上看到「日本三大名櫻」之一——福島縣三春町的三春滝櫻就有一千年歷史，歧阜縣根尾谷的淡墨櫻更有一千五百年，至於山梨縣的山高神代櫻則是日本最老的櫻樹，樹齡更是達到兩千年，幾乎快和日本歷史一樣長，光是樹幹直徑就超過十一公尺，而且到現在還活得好好的。

有些日本人為了賞櫻，每年這個季節就開始追著櫻花跑。這些人已經脫離樹下喝酒作樂的菜鳥時代，他們除了到「名櫻」所在地朝聖拍照，也以「名城名櫻」為主題，像是神戶姬路城、石川金澤城等等。而青森縣弘前城的百年吉野櫻，從大正時代起就已經是名城名櫻的重要代表。

日本觀光單位和旅遊雜誌大力推動「花見列車」，強調電車所經之處伸出手就能碰到櫻花的訴求，也吸引不少鐵道迷青睞。別說外國人很難想像蒸汽火車冒出白煙通過櫻花隧道的景象有多美，就連日本人看了這樣的照片，也絕對會興起追櫻花的念頭。搭乘火車欣賞沿線盛開櫻花之際，再到櫻花盛開為背景的溫泉名所泡個湯，享受櫻花入菜的美味。日本人真的很幸福，漢字寫作「至福」，十分幸福。

1 3
2 4

1. 有了這些穿和服附庸風雅賞櫻的日本女子，也滿足了觀光客的視覺享受。2. 滿是櫻花的大阪城公園。3. 大阪城外濠，櫻花盛開。4. 春天賞櫻、秋天可賞楓的哲學之道，路邊撐起復古紅傘賣起茶點，讓賞花更添風情。

平安神宮

京都平安神宮是一八九五年，日本為了慶祝奠都平安京一千年所興建的神社，仿照平安時代王宮而建。平安神宮的神院內，總計約有三百五十株櫻花樹，只有賞櫻季節才開放。這裡的櫻花是所謂的文學場景，其中，位於南神院中心的紅色枝垂櫻，因為曾經被日本小說家谷崎潤一郎寫入小說《細雪》中，使得此地櫻花別具文學氣質。

我去平安神宮也是附庸風雅。行前看了川端康成的小說《古都》，書裡一開始就寫到女主角千重子和朋友去平安神宮賞櫻，千重子特別喜歡平安神宮的紅色八重櫻，認為：「要論賞花，就屬這裡的紅枝垂櫻，此外再沒什麼可看的了。」可是我去了之後發現，其實還好，可能因為時代改變，平安神宮前的空地太大，櫻花顯得稀稀落落，與漆成橘紅色的寺廟建築不太搭襯。

後來才發現，原來我只看了神宮外的護城河兩旁的吉野櫻和正殿前的兩棵枝垂櫻，我沒買票進到神苑裡去，所以根本沒欣賞到備受誇讚的紅枝垂櫻，當然也沒看見神苑池旁倒映池水成簇成簇的粉紅花朵。唉～都是受到張國立小氣的影響，我為了六百円的門票犧牲了無價的絕景！

如果不想買門票進平安神宮欣賞谷崎潤一郎筆下的櫻花景色，宮前護城河的整片吉野櫻也開得很美。免費。

哲學之道

到京都的旅人沒有不到「哲學之道」朝聖的。我和張國立在《兩個人的日本》裡就提到過哲學之道。據說是明治時代日本哲學家西田幾多想不通人生道理時，便來這裡散步，現在琵琶湖疏水道也成了觀光客的最愛。旅遊書上形容「春天的時候，就像走在櫻花隧道裡一般」，我一直想體驗這種浪漫。

長三公里的哲學之道開滿了粉色櫻花，搭配兩旁老街老店的紅色幕簾，很有祭典的味道。不過，慕名來賞櫻的人實在太多，經常等不到一個好角度留下一張紀念照片。而且，賞花還是得跟好朋友。我和張國立旅行時才買個蜜柑、吃個點心就已經被唸個不停，這次又跟個不熟的男性朋友，他走得飛快，一路往前衝，很像行軍。

哲學之道介在銀閣寺和南禪寺之間，以前我跟張國立來，從銀閣寺出發。這一次則是從南禪寺往銀閣寺方向。經過了三公里的櫻花隧道，銀閣寺著名的枯山水庭園就顯得太「禪宗」了。我啊！樂在紅塵裡還沒能悟道，匆匆結束銀閣寺的參訪。為什麼總是匆匆又衝衝？因為同行的男性朋友超愛吃甜點，一定要去祇園街上的「鍵善良房」吃葛切，而這家店只營業到傍晚六點。

南禪寺。

「鍵善良房」是江戶以來就存在京都的和果子老店，以葛切最為出名，以葛粉做成涼粉狀，搭配著黑糖蜜吃，清涼爽口，口感高雅，吃過的人沒有不留下深刻印象的。但是一人份是九百日圓（約合台幣三百元），還好沒有張國立在旁邊亂喊，否則那種幸福感可要減半了。

回味著黑糖蜜的甜美，我深深地感覺：在京都，一切都是那麼的成熟穩重，美好的事物都經過時間的淬鍊，就連甜點也是。年輕人會排隊去吃甜死人的抹茶白玉聖代，而到了一定的年紀就會想一再回味葛切的單純口感。

清水寺

這趟京都賞櫻行程一路只能用「趕」來形容，我還是「花見菜鳥」，賞櫻名所太多而時間太短，只能盡量選徒步能到達的範圍，像是車程較遠的嵐山就要放棄。而為了趕吃一碗葛切，我們還冒險搭乘計程車。其實在京都旅遊，尤其是花季和祭典的時候應該避開計程車，人太多、車太多，街道太小，整個市中心會像被點穴一般靜止不動，短距離的話，搭計程車可能比走路還慢。

塞怕了的我和朋友兩人，決定再慢慢散步去清水寺看夜櫻。雖然清水寺已經去過幾次，斷崖上的檜木大殿在夕陽時分尤其古樸，可是我這次的目的是櫻花，尤其能賞夜櫻的地方不多，我們決定晚飯前的最後景點留給清水寺和附近的高台寺。

《日本賞櫻之旅》的作者楊春龍在書裡提到：清水寺的建築、庭園、春櫻、秋楓無一不美，列名世界文化遺產實至名歸。但他也毫不避諱地批評：「這寺廟俗氣太濃，入寺要門票，看庭院要門票，拜本堂再加票，夜間賞櫻另外再買票，全世界最死要錢的佛寺就屬它！」其實每個人都心有戚戚焉，在京都拜廟就是這樣，大家只是習慣了。至於清水寺的夜櫻風情我覺得還好，因為景色太分散，燈光又打得過頭，散失幽美的意境。

到了高台寺，才讓我對夜櫻的觀感全然改變。

高台寺

賞櫻前特別苦讀日本近代史，對日本戰國三雄的故事稍有了解後，在京都賞櫻時特別想去高台寺，拜訪豐臣秀吉夫人「北政所寧寧」晚年安養修佛的地方。高台寺雖是德川家康為寧寧夫人興建的一座壯麗無比的寺院，但是宗教氣氛並不強烈，是一個讓人可以洗滌心靈的地方。

高台寺的緣側（日本式建築的外廊）是我最喜歡的地方，不是花季的時候遊人較少，可以在這裡坐下來，欣賞方丈庭園裡的枯山水，意境悠遠，很難形容那股平靜，如果有慧根的話應該選擇這裡出家吧？高台寺春櫻、秋楓都美，尤其是庭園內的兩株枝垂櫻，在天黑之後，配合雷射燈光演出一幕幕的夜櫻秀，透露著鬼魅、神秘的氣氛，彷彿進入極度遐思的幽幻世界。

京都能欣賞夜櫻的地點不少，最推薦的是高台寺的兩株枝垂櫻，白天欣賞和晚上的視覺效果完全不同。

這天晚上我被人潮推著走沒辦法停留，幾度想回頭再多看一眼。那種感覺似乎就像聊齋裡的故事，被鬼迷惑了一般。

目前為止，我已經發現在日本數百種櫻花裡，我最愛枝垂櫻。除了之前奈良冰室神社前的那一株，圓山公園最震撼人的也是枝垂櫻，而且日本三大名櫻之一：位在福島縣的三春滝櫻也是枝垂櫻，照片看起來就像櫻樹老妖怪一樣。離開高台寺時，我發誓有機會一定要去福島，看看那棵千年老櫻。

這天的晚餐由朋友請客，他建議到祇園裡去吃壽司。雖然賞花的時候，這位男性朋友稱不上好的「花伴」，但真的是一個好「飯友」。尤其是懂日文又懂壽司，讓我在小小的吧台上盡情享用日本美食的精神。微醺的我差點搭不上回大阪的電車。而朋友雖然預約了京都的旅館，情況也沒有比我好多少，他說送走我後坐在路邊休息差點被搶，我心想太誇張了吧，在日本應該不會被搶，應該只是被當作喝醉酒的歐吉桑了。

大阪造幣局

大阪造幣局是日本大藏省的錢幣勳章鑄造所，平常是中央單位門禁森嚴。只有在櫻花季節才對外開放，因此每一年開放時間不定，要等櫻花至少五分開才決定開放的時間，而且只有七天。

我運氣好，要離開的最後一天四月五日，正好是這年大阪造幣局開放賞櫻的第一天，又約了麗一起前往。原本以為至少排隊兩小時才能進場，再一次運氣好，不到十分鐘就已經進門了。在這裡賞櫻簡直就是櫻花百科教室，日本的櫻花種類兩、三百，這裡就有一百二十種，而且短短五百多公尺的花道裡就集中了三百零七棵各種各樣的櫻花。

櫻之宮公園河兩岸清一色是染井吉野櫻，儘管「數大就是美」，但是顏色一片白看多了反而覺得虛無。而京都、奈良有古寺相伴，「櫻姿」儘管不同，但仍是配角。大阪造幣局裡的櫻花不同，含苞、微開、七分開到滿開，它這樣開、那樣開，就綻放在你的「眼前」，有的時候還得低頭、側身避免碰壞花枝。我忍不住幾次想抱著花朵照相，卻被麗的眼神阻止。在這裡沒有人動手，每個人都用眼睛欣賞，用相機記錄。

不同於其他地方的櫻花，這裡的櫻花以色彩粉紅或較深桃紅的櫻花種類為主，在色彩上就已經贏過吉野櫻。有一種叫「關山」品種的櫻花最多也最受喜愛，這種花是深粉紅色的八重櫻，花朵一開像牡丹一樣又大又圓。另外有一棵也是八重櫻，是北海道移植來倖存的一棵，又被命名叫做「幸福」，開起花來最多可達二十瓣，可以想見多麼的豐滿。

能到大阪造幣局賞櫻，我已經說了兩次幸運，其實更幸運的是：這天天氣真好。在湛藍天空下，就算沒有帶高級相機，每朵花兒映著藍天背景，色澤更美，也更真實。

日本有句俗語說：「花より団子。」直譯是花不如糰子（日本的麻糬丸子）。白話一點就是說與其賞花不如吃糰子，比喻實際的意思。我很實際，京都那天早上在路旁和果子店買來兩個櫻花麻糬和兩串丸子，一路揹在身上沒吃，因為一起賞櫻的男性朋友說坐在樹下吃東西太不像話！我和麗才不管那麼多，就著從飯店泡好用暖水瓶帶出來的熱茶，頂著中午的大太陽，兩人開心地吃了起來。

如果再給我一次機會，我會自備好野餐布，帶上飯糰、好茶和各式和果子，在櫻花樹下來個「花見宴」。張國立又在那裡喊了：「再去打斷妳的狗腿！」我可不管，他愛去不去，我在大阪有佐佐木麗呢！他又喊了：「打斷妳們兩人的狗腿！」

一株名為「幸福」的櫻樹，是北海道移植來的，看到的人似乎也能感染到幸福的情緒。

日本人應景的代表作：櫻花粥與櫻花糰子，不只視覺滿足，也都很美味。

大阪造幣局裡三百多棵櫻花有的含苞，有的盛開，襯得藍天背景更顯嬌嫩。

京都賞楓驚見銀杏

張國立

魔女紅葉與第六天魔王

我一直認為，年輕時適合賞櫻，帶給人對於美的嚮往，而且賞櫻的美眉多，所以「一」賞，「多」美。稍有年紀則賞楓，讓人心情平靜，體會人生的黃金時期在後中年期，況且賞楓多熟女，每個都盛裝以赴，又是另一番視覺享受。賞櫻時喝酒惹人嫌，怪叔叔就這麼誕生，但賞楓時趁人少喝點酒，卻有情調，總不能老吃清水寺的豆腐吧。

日本人對於賞楓的痴迷，據說起碼從十世紀就開始，因為有個傳說，公元九三七年會津地方有對夫婦沒有孩子，就向「第六天魔王」祈求，果然不久後在甲斐（山梨縣，著名的「小海線」高山火車在這裡）生下一個女孩，取名吳葉。長大之後，吳葉美若天仙，當地富豪強行迎娶。吳葉有魔王附體，懂得法術，就作法生下一個和自己一模一樣的替身，送去給富豪。進了洞房，上了繡床，熄了油燈，脫了衣裳，眼看就要成其好事，不料這個替身竟乘雲升天地不見了。

吳葉逃到京都改名為「紅葉」，被大臣源經基看中，娶回家當小老婆，她懷孕時，源經基的大老婆莫名其妙地生起重病，百醫束手，藥石罔效。不得已，求助於比叡山的高僧，演出一場法海和尚抓白蛇精的日本版白蛇傳，這位高僧看穿是吳葉施邪法搞的鬼，源經基大怒，將吳葉流放到信州（長野縣，著名的散步天堂輕井澤在這裡），可是她仍繼續作怪，朝廷派出大軍都無法征服，領兵大將祭拜觀音十七天，夢到一個老人給他一柄寶劍，才用此劍砍下紅葉的腦袋，頓時血流遍野，楓紅滿地。

果真如此，可以推斷，楓紅代表著些許邪氣，卻美麗得令人不忍眨眼。

到了十六世紀的安土桃山時代（安土是織田信長的大本營所在地，桃山則是豐臣秀吉的），織田信長表面上是個殺戮成性的暴君，可是他偏愛藝術文化，特別講究茶道，重用有日本茶聖之稱的千利休為「茶頭」（茶文化以他說的算數，一如我是我家的「飯頭」），經常在庭園中賞櫻賞楓邊喝茶。楓紅代表了血，從這一大片的血影中感受的寧靜才深刻。

繼任的豐臣秀吉更是粗人，綽號老鼠，同時代的許多名將瞧不起他。秀吉也學織田附庸風雅，沒事召集眾將在寺廟的庭園裡喝茶養性。不過渾人就是渾人，毫無原由地下令千利休切腹自殺。秀吉這種人喜歡享受文化，卻討厭別人有事沒事指導他文化。

織田信長曾經起用一個廚師，做出來的菜不合口味，要殺廚師，幸好廚師苦苦哀求得到第二個機會，這次的菜吃得織田嘴笑目笑。人家問廚師，為什麼不一次做好，非要刀架到頭上才做出好菜來？廚師回答，第一次是做傳統的京都菜，講究典雅、清淡，既然織田不喜歡，他改做口味重的鄉下菜，果然對了織田的胃。

話傳到織田耳中，大家以為織田非殺了這個笑他是鄉下老土的廚師不可，織田只是大笑一陣說，廚師的責任就是滿足我的喜好，他既然做得很好，有什麼好再挑他毛病的。

織田信長和豐臣秀吉的人品差別，由此可見。

那時京都的主要寺廟甚至山林都已經有計畫地種植楓樹，幾百年後的今天蔚為奇景，可謂造福子孫。

還有一點，織田信長自稱「第六天魔王」，和紅葉的傳說是不是頗有呼應？

（右）閃著金色陽光的銀杏樹，大陸的古寺也多種有銀杏，因為按照佛教的說法，銀杏乃聖樹，我想主要原因應該是它讓大地更為光亮。

（左）本能寺內，坐在楓樹下的老人，他真用功，居然摸魚看《文藝春秋》，不過這種讀書氣氛真好。

土足厳禁

京都是賞楓的最佳地點，因為密集，再散散步，幾乎可以把勝景一覽無遺。我最喜歡的路線是中間路線，也就是從京都車站出來之後，往東南方向先去東福寺，再走個十來分鐘搭地下鐵烏丸線往北，一路上有清水寺、建仁寺、圓德院、無鄰庵、金戒光明寺，最後到興聖寺。好了，可以轉回頭去祇園吃鐵板牛排了。

趙薇是那種非看個過癮的女人，也好應付，第二天坐巴士往哲學之道去，這一路又有曼殊院門跡、圓光寺、法然院、安樂寺、永觀堂、南禪寺。

還不滿足？第三天搭京福嵐山線的電車往西邊去，租輛自行車，往北邊的山上跑，有天龍寺、厭離庵、總本山仁和寺、龍安寺、祇王寺、大覺寺門跡、神護寺、西明寺、高山寺。

依然未盡興？沒關係，坐近鐵京都線去奈良車站，下車朝東走約十五分鐘看到奈良公園、看到鹿，也看到楓葉，而公園的北端就是東大寺，再往東走十分鐘則是春日山原始林。奈良的楓紅比起京都，要含蓄點、自然點、輕鬆點。

含蓄、自然、輕鬆，對某些習慣按照計畫趕路的人無效，站在東大寺虔誠地向菩薩感恩這一路上賜我平安，身旁的女人卻說，然後呢？

最後一條私密路線，請我吃兩杯酒，看看我豔紅的臉頰，聞聞我口中秋天的氣息——對不起，酒喝得有點多，醉言醉語。這條最棒的路線不在京都，就在東京附近而已，一是文京區的小石川後樂園，坐地鐵大江戶線在飯田橋駅下車，走路就到。否則去伊豆半島，修善寺的自然公園內有片楓林，坐伊豆臬根鐵道到修善駅下車，換巴士約十五分鐘。

若是喜歡坐火車，想往郊外走走，到山梨縣去看「紅葉」女魔。搭中央本線在甲府駅下車，轉巴士約三十五分鐘到天神森下車，這個地方叫昇天峽，巨岩參天，楓紅滿峽。

賞楓不能忘記住住日式旅館，儘管貴，為了宣示對老婆的效忠，該花的錢畢竟要花的，要不然錢留著做什麼？被老婆懷疑上夜店趴美眉？而且錢花在老婆身上最值得，老婆會滿足會感激，外面的女人不會，她們只會期待下次你怎麼花錢。

兩年前在朋友的慫恿之下，住進京都著名卻非常低調的吉田山莊，它靠近銀閣寺，對面就是楓紅聖地之一的真言堂。我在旅客留言的冊子內，用毛筆龍飛舞留下這首詩：

百花發時我不發，我若發時都嚇殺；要與西風戰一場，滿身披上黃金甲。

什麼，這是寫菊花的？我終究喝多酒了。這首才對：

楓葉欲殘看愈好，梅花未動意先香。

宋朝陸游寫得多好，楓葉美就美在它將落之際，梅花卻是尚未開花，香味已經漫山谷了。

本能寺探織田信長

在京都除了賞櫻賞楓，我發現了另一個趣味，秋天時去京都市役所對面的本能寺賞銀杏樹。在陽光底下看著閃著金光的樹葉，真的賞心悅目。日本人常說楓葉盛開時，美得會讓人自殺，那麼看完楓葉非得去看看銀杏不可，因為美得會讓人興奮而捨不得死。況且，進寺廟去賞楓得花錢買票，劣。到本能寺賞銀杏則不要門票，讚。

其實最初我不是去看銀杏的，而是本能寺吸引我。同行的飯團之友用很不屑的口吻譏笑我說：織田信長不是你的噁像嗎，居然連本能寺也沒去過，你在清水寺的紅葉前自殺好了！

織田信長是個有決心有毅力的人，他最有名的政策便是「天下布武」，意思是要以武力征服天下。英雄氣概完全表現於外，和後來德川家康「戒急用忍」的隱藏於內，形成對比。

織田信長對任何新鮮的事都好奇，一五四三年時一艘明朝的船來到日本九州的種子島（屬於鹿兒島縣），據說船主叫五峰，就是明朝時著名的海盜王直。種子島的島主時堯從五峰口中得知外面的世界，對火槍（日本歷史稱為鐵砲）最有興趣，就用重金買來，還加以仿製。一五五五年武田信玄圍攻信濃旭山城時就用

信長公廟，據說這裡就是織田信長的墓，不過也有人說他埋在別的地方，除非每個都有銀杏，否則我寧可相信他就埋在這裡。

信長墓旁紀念其他陣亡武士的石碑，已經相當破碎，顯示出死者蒼涼的一生。

了三百挺鐵砲，但將鐵砲發揚光大的正是織田信長，一五七五年武田信玄的兒子武田信賴率領名震天下的甲斐馬隊（騎兵）打得德川家康大敗，德川求助於織田信長，信長派出大隊人馬助戰，其中有三千名鐵砲軍，全世界首次將火槍戰術化，把三千支槍分成三列，輪流對敵人開火，縱橫天下三十年的武田騎兵全軍覆沒，這就是日本史上的「長篠合戰」。

隨著貿易，西方的傳教士也來到日本，織田信長非常保護基督教，這段時間日本大量吸收外來文化，當然，也有人說信長是為了壓制反對他的佛教勢力，才容許基督教在日本傳教。他甚至重用好幾個洋人做為幕僚，個性上有點像清朝的康熙。

雖然真正統一日本的是德川家康，不過擊敗群雄，奠定下統一基礎的卻是織田信長。可惜信長對他討厭的人完全不假辭色，種下日後的死因。

殺織田信長的是手下牛棚大將明智光秀。當時日本朝政有兩大傀儡，一個是天皇，另一個則是幕府大將軍（本來天皇是大將軍的傀儡，後來大將軍又變成他手下家督的傀儡），無論天皇或大將軍，政令都不出自己家大門，可是天下諸侯又想抓他們來號令天下。可憐的大將軍足利義輝被手下燒死，他的弟弟足利義昭逃出來，想找諸侯為他撐腰，沒想到找到的是個膽小卻聰明的越前藩主朝倉，他的力量小，很有自知之明，清楚收容大將軍不會使他有號令天下的能力，反而會引起其他大諸侯不滿，所以不敢收。朝倉部下明智光秀卻見足利義昭奇貨可居，偷偷領著大將軍去投靠織田信長，就這樣明智光秀成了信長的部下。

明智光秀的墓地如今也保存了下來，在地下鐵東西線的南方不遠處，華頂短大旁的小巷子內，很冷清，只有附近的人才知道那裡葬的是誰。

足利義昭是個智商很有問題的大將軍，他真以為自己很大，想指揮信長，搞火了信長，便叫明智光秀去警告白痴大將軍。明智光秀覺得信長給他出難題，很不高興卻又不敢說。後來信長還是把足利義昭給流放拘禁起來，結束了幾百年的室町幕府時代。

接著信長派明智光秀去攻打丹波，可是屢攻不下，明智光秀有點小聰明，便勸敵人投降，他保證信長會給他們榮華富貴，為了取得敵人的信任，他還把老母親送進丹波城當人質。信長這個人傲視天下，最痛恨屬下不報告就自行做主，等丹波城主兄弟高興地來見信長時，信長根本不管明智光秀答應的條件，當場就把這些降將給殺了，這下子丹波人遷怒明智光秀，把當人質的光秀母親也殺了。明智光秀對織田信長已不是不滿，而是恨之入骨。

話又講回來，織田信長對明智光秀也是討厭到了極點。德川家康消滅了武田信玄的兒子武田信賴後，來進謁信長，這是大事，等於大將遠征得勝凱旋返京，信長派明智光秀擔任接待役，在請德川家康吃飯的國宴上，信長發現生魚片不新鮮，當場大發脾氣，免了明智光秀的職，還派光秀去前線聽「猴子」豐臣秀吉的指揮，這下子明智光秀再也忍不住了，因為光秀最瞧不起長得像猴子的豐臣秀吉。

軍情緊急，明智光秀率領一萬三千多名戰士出發，不料才出京沒多遠就假說信長要閱兵而回軍，此時織田信長以本能寺為指揮大本營，調度各地的兵力，明智光秀卻對士兵指著本能寺說：「我們的敵人就在那裡。」信長周圍只有一千多名武士，聽說來襲的是明智光秀，信長恍然大悟地說：「是光秀啊，哎，果然是他。」

在喊殺震天的聲音中，信長寡不敵眾，切腹而死，享年四十九歲。織田信長一向喜愛外來的文化，他身邊有名侍衛是非洲來的黑人叫彌助，伴隨信長戰至最後。

明智光秀雖然殺了織田信長，可是前方的豐臣秀吉率大軍快速回師，三天之後包圍明智光秀的叛變部隊，經過兩個小時的激戰，明智光秀被殺，豐臣秀吉把他的首級掛在本能寺以告織田信長在天之靈。從此豐臣秀吉也成了織田信長的繼承人。

雖然在京都市區中央，可是走進本能寺卻能享受難得的清淨，聽不見戰鼓，也沒有肅殺氣氛，只見一個掃落葉的老人坐在一株高大的銀杏樹下看著《文藝春秋》。溫暖的陽光透過一大片金黃的葉片照射下來，驅走初秋的涼意。

本能寺絕對是個能讓人浮躁心情安定下來的地方，遊客少，寺廟也不大，僅有的幾棵楓樹也和銀杏樹夾雜在一起，我們去的時候本能寺的楓葉已變黃，搖搖欲墜，和正在季節生命頂端的金黃銀杏，把寺內染得金光閃閃，幾個來掃墓的日本年輕人，安靜地坐在墓地入口處的長椅上，享受銀杏葉片反射下來的陽光。

本能寺主殿的右後方就是織田信長的墓地，寫著「信長公廟」。我想，織田信長努力一生，也傲視天下一生，怎麼會想得到一個他最看不起的「禿頭」明智光秀竟然會起兵造反，壞了他的大事。

正在感嘆，卻發現原來這個本能寺不是織田信長被殺時的那個本能寺，因為明智光秀的一把火將本能寺給燒了，豐臣秀吉在附近另找了塊更大的地方重建本能寺，日後又經過幾次大火，正殿的建築已是昭和時代的產物了。最近日本人考古發現，原來的本能寺是在現在位置不遠處的一所小學內，不過對於我的心情而言，這不重要，畢竟織田信長的墓在這裡。

我們進了正殿，跪在大菩薩前，我想起書上說的日本政治界、財經界對武田信玄、織田信長、豐臣秀吉、德川家康這些戰國英豪的評論，有些值得品味再三：

・人比的不是一時之氣，而是一生之志。因此不要貪，吃到壽喜燒要滿足、要感恩，不要遺憾沒吃到米其林三星級的法國菜。

・誰的命長，誰最後贏的機會愈大。因此誰怕誰，只要先保住老命，以後都能翻本，一如吃壽喜燒只能八分飽，誰曉得待會兒會不會在路上碰到章魚燒。

・既然討厭明智光秀，就根本不要用他。因此不愛吃瓦殺甏，千萬別逞強，死要面子地抹點在盤子邊，如果不小心筷子沾到，嗆死人，料理店不會償命。

・老謀深算永遠比意氣飛揚有出息。意思是，找小帥哥不如瞧瞧我這種老灰仔，溫柔可愛，可惜全身上下除了肝，其他部分都硬不起來。

我後來又找到明智光秀的墓地，位於東山區的小巷子裡，從地鐵東山站走到青蓮院的路上，不過實在太不起眼，很容易就錯過。我在附近問了很多人都不知道，最後是位尼姑法師帶著我才找到。真是個很小很小的廟，橫匾上寫著「光秀公」。他的屍體在亂軍之中被發現，隨地就葬了，後來豐臣秀吉才准許把他的屍骨移到這裡並蓋了座小廟供奉，也算是紀念這個一代叛將吧。

感懷歷史可以，但別太投入，該去吃中飯囉。

——吃百年歷史的名店壽喜燒——

本能寺旁邊是個長得似乎走不到盡頭的大商店街，我們思考該吃什麼呢？朋友建議壽司，我想到生魚片害掉織田信長和明智光秀兩條人命，就搖頭反對。什麼時候都可以吃壽司，唯獨這天不

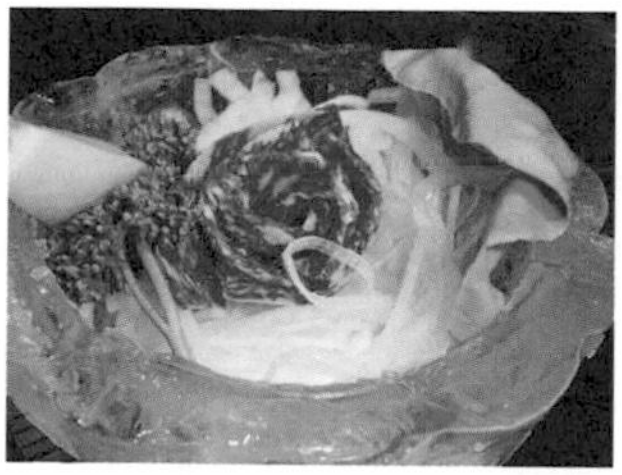

吉田的生牛肉前菜，將牛肉擺成玫瑰的樣子，有點捨不得送進嘴裡。

市役所．京都市政府長得很明治時代，這叫西風東「建」。

商店裡賣的烤番薯，趙薇明明吃飽，卻貪心地還買，結果一路上都沒機會吃，帶回台北當歐米鴨給。好像送給了個常拉肚子的朋友？

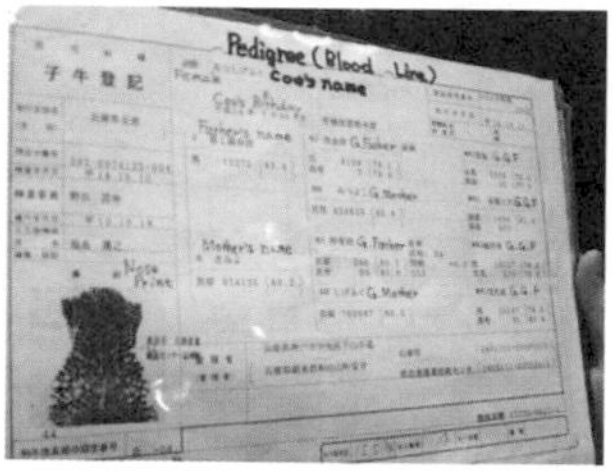

這是我在吉田牛排館吃到的神戶牛身分證明書，左下角是它的鼻紋，多可愛的模樣。

三嶋亭的招牌，很古典，會吸引像我這種七早八早在信長廟裡感動半天的傢伙。

這是壽喜燒下鍋前主要材料的真面目，除了牛之外，最棒的是蔥。

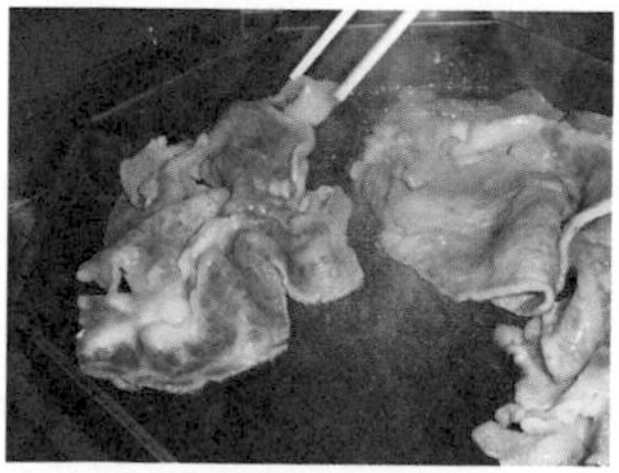

和牛下鍋了，逐漸開始變色。

對，再加醬油，鍋內會發出「滋」——不，發出「吃」的聲音。

成。一抬頭，飯團朋友發現街角有盞古色古香的路燈，原來是家賣牛肉的店招，一樓玻璃櫃內擺滿了各種牛肉，都強調新鮮。果然看起來片片都油脂如樹葉紋路般的密密麻麻，那就吃牛肉唄。

這家店要大力推薦，叫三嶋亭，我相信去賣肉的店吃肉，準沒錯。果然點的壽喜燒甜嫩好吃，光是看穿和服的女服務生把醬油和糖加在牛肉片上就覺得不可思議，鹽和糖怎麼會同時調味哩？

女服務生說，京都最老的牛肉店就屬她們家，明治六年（一八七三）開張，當時的做法是把牛肉用京白味噌醃上三至五天再吃。老天，我很難想像，也不想試，還是吃新鮮的壽喜燒好。三嶋亭的前菜也有趣，是一小碗的肉末，吃起來像是我們的牛肉乾，而且還是整包吃完後剩下的肉末，配啤酒恰到好處。

牛肉配飯也是日本人發明的，尤其壽喜燒非得配碗白飯不可。就這樣，我差點步德川家康的後塵——對喲，德川家康脹死原來不是亂掰的，真有可能。幸好餐廳對面有家賣醋飲料的店，喝上兩杯能幫助消化，如此人生才能走更長遠的路。對了，還有長長的寺町通商店街可以散步，摸摸圓滾滾的肚皮，好吧，散到地老天荒。

——吃有身分證明的神戶牛——

和牛指的是十九世紀明治時代進口牛與純種日本牛混種之後，「調配」出來的牛，在此之前日本人幾乎很少吃牛，江戶時代起才把牛肉當成養生食材，用味噌醃漬做成牛肉乾進貢給幕府。

如今吃和牛，主要有：

米澤牛（山形縣，靠日本海，秋田和新潟的中間）。

松阪牛（三重縣，京都的東邊是滋賀縣，再東邊就是三重縣，臨伊勢灣）。

飛驒牛（岐阜縣，三重和滋賀縣北方，白川鄉就在這裡）。
近江牛（滋賀縣，京都的東邊，琵琶湖的所在地）。
神戶牛（兵庫縣，京都的西邊，神戶就在縣南）。
所以在京都可以吃到好牛肉，我最哈的是神戶牛，以前雖吃過，但搞不清店家是不是唬弄我，這次則吃到有身分證明的神戶牛，該不會再假了。
這家叫吉田牛排館，就在京都最熱鬧的祇園裡，很不起眼，不過鐵板牛排卻絕對精采。我一開始抱著試探的心理進去，老闆見我歪嘴斜眼的挑剔德行，乾脆拿了張護貝的證書給我看，乖乖，如果我老實地坐下吃牛排，會吃到這頭名叫「MITSUSHIGEHUKU」的牛，證書上還註明了牠的父母是誰，生於何時，飼養者是誰，根本是出生證明嘛。甚至還有牛鼻印，原來牛不能按指紋，每隻蹄都長得差不多，倒是鼻紋都不同。
這下子該不會吃錯。中午套餐算便宜，有前菜、湯，還有鮮嫩多汁的牛肉，在鐵板上煎過，香味四溢，不過看著證書上的名字，MITSUSHIGEHUKU 呀，別怪我，起碼我是以崇敬的心情把你吞下肚的，絕不浪費任何一點油花。

{data}

【本能寺】
搭地鐵：坐市營的東西線，在京都市役所前下車。
乘巴士：從京都火車站搭乘二〇五號，約二十分鐘，在河原町三條站下車。
【三嶋亭】
京都市中京區寺町三條，就在三條通和寺町通的路口。電話：（075）221-0003

男人要孤獨，女人交朋友

趙薇・來去鄉下住一晚

東北大地震前的福島青田家，
「櫻桃小丸子」般的溫馨畫面還記憶猶新；
熱情好客的千葉齋藤家，
第一晚的便飯是附近「小」日本料理店的豪華生魚片。
「來去鄉下住一晚」，
這不只是電視節目，也是我最珍貴的回憶！

張國立・深入體驗日式柳柑

「柳柑」是純日本式的小旅館，
看到這種日式的老房子，總有進去住住看的夢想。
聽我這麼說，趙薇很不可思議地問我：你真的要住，不後悔？
哈，等到發現早上從榻榻米上直不起腰時，
再後悔再抱怨，就再說唄。

來去鄉下住一晚

趙薇

純樸樂觀的福島青田家

二〇一一年三月十一日，日本東北大海嘯的畫面看得是讓人心驚膽跳，由於二月才剛去過東北地方旅遊，感觸特別強烈。尤其是計畫下次要去的氣仙沼和南三陸町全被海水淹沒，心情既恐懼又懊惱。而一位日本朋友青田佳織的家鄉——福島南相馬町，竟然也是嚴重受災地區，心急的我一直打電話聯絡，直到第四天才在臉書上看到她和家人均安，只有房子震壞一部分，才放下心裡的大石頭。

青田佳織是來台學習中文時，經由朋友介紹認識的日本女生，二〇〇九年寒假要返鄉省親。我因為太愛日本節目「來去鄉下住一晚」，也想體驗到日本鄉下民家住宿，跟她一起回過老家，也因此對福島的受災更多一分關切。

佳織的家在東北的福島縣原町市，近年改名叫「南相馬」。原本一般人對這個地方不會有太大印象，但是二〇一一年三月一場大地震引發的海嘯，南相馬臨海部分遭受水患，全區又都受到核電廠輻射外洩影響，一下子就聞名全世界了。

大概地說，南相馬因為不是大站，所以新幹線不停。從東京搭常磐線往北要三個多小時，如果從北方的仙台搭電車往南走也要一個多小時。這樣一個基本上什麼都沒有的地方，就算到東北來旅行的人也不會停留，可是經過佳織介紹之後才知道，原來這附近的「相馬」可是有名的養馬勝地呢！

佳織是一個很體貼的女孩，在台灣的時候已經講過好幾次：「家は田舍です，何もないよ！」一直擔心說她家是什麼都沒有的鄉下，很擔心我去了無聊。其實她真的不用擔心，他們一家全是樂觀派，聚在一起笑聲不斷。

日本卡通「櫻桃小丸子」裡常有一家人擠在一個有暖桌的房間裡，媽媽看電視，爸爸看報紙，小孩或者看書或者玩電動，還有人拉著格子門進進出出搓著手喊冷，而這種景象真真實實就在青田家上演。那年我一到青田家就被帶到這樣的房間裡，用我那很破的日文跟青田爸爸、青田媽媽打招呼，也學著把腳伸進暖被裡有一搭沒一搭地聊著。

青田爸爸黝黑的皮膚、濃濃的眉毛，稱讚他是帥哥，被他笑著回說：「ごますり（磨芝麻）。」佳織翻譯說爸爸說我拍馬屁，搞得一屋子人大笑。青田媽媽笑的時候露出了一顆金牙齒，雖然是六十出頭的人，但頭髮烏黑、皮膚白皙，一點也看不出來年紀。她抱著家裡的寶貝貓 Tora（貓的名字叫老虎），撒嬌似的像是在跟孫女講話。不只在台灣，「韓流」也吹進日本的鄉下，青田媽媽喜歡「勇樣」（yon sama）（日本人對韓星裴勇俊的尊稱），電視機上還擺著「勇樣」的照片，被大家糗得臉都紅了。

青田爸爸是牧農。年輕的時候養馬，但每次賣馬的時候總禁不起馬兒無辜的眼神，後來改養牛，一養就是四十年。因為年紀大了，前幾年結束養牛事業，偌大的牛棚拆掉之後留下廣大的一片黃土地，冬天的時候光禿禿一望無際，這種景象也是從小在台北生長的我沒有見過的。

因為佳織回鄉，姐姐、姐夫帶著三個外甥也回家探望。女人們在廚房做飯，我則陪著一屋子男生聊天。去福島之前，我學過幾個月日文，但程度還停留在我叫什麼名字，日文不好請多指教……之類的。根本無法跟他們溝通，於是不斷向在廚房裡幫忙的佳織喊救命。就這樣在廚房、客廳裡，日文、中文飛來飛去，好不容易熬了一個多小時，終於可以吃飯了，烤盤端上桌，晚上吃烤肉。

佳織說這是青田家的習慣，有節日或是有人過生日時都會聚集吃烤肉，今天慶祝她回家還有招待我這個「不速之客」（我自己說的），青田爸爸特別買了高級的和牛。哇！家庭烤肉吃和牛耶！看到那兩塊大牛排，我極力掩飾快要流出來的口水，開心得沒話說；一則是大家的嘴巴忙著吃飯，不會再問我聽不懂的日文，再則是那牛排真是油花密布，一看就知道好吃。比我兩個手掌還大的一塊牛排直接下烤盤，旁邊陸續放上青椒、南瓜，還有洋蔥等蔬菜。聽著牛肉在鐵板上發出滋滋的聲音，張國立一個人在家吃什麼的一點點擔心已經被拋到九霄雲外去了。

當牛肉兩面煎得又香又焦後，姐姐直接用剪刀剪成一塊塊，青田媽媽適時地端出白飯來，大家就這麼大口吃肉、大口配飯豪邁地吃了起來。美味原來如此簡單，牛肉味很香，肉質柔軟似乎一點纖維都沒有，沒有過多的醬料，只有簡單的鹽和少許的醬油，原來和牛肉和醬油很搭，風味一級棒。我把我那最擅長的幾句日文：「美味しい」（好吃）、「柔らかい」（柔軟）、「ジューシー」

牛排用烤盤煎烤這種吃法，我倒是生平第一次，因為在日本人家作客，我吃得很含蓄，後來覺得很後悔。

巨無霸的和牛牛排，油花分布得真是漂亮，雖然我也在其他地方吃過更好的和牛，但是我覺得能在家輕鬆地吃這樣的牛排，才是人間美味。

（多汁）統統搬出來，逗得一家人開心得不得了。青田爸爸又說了：「磨芝麻！」這次還帶著磨東西的手勢，笑我什麼都說好吃。

為了辯白我不只是拍馬屁，自以為專業地問起了青田爸爸「和牛」和「松阪牛」有什麼不同？啊，只能說自找麻煩，日文字沒認識幾個，結果當然一個字都沒聽懂，只一再重複聽到F1這個字，心想和牛跟F1賽車有什麼關係呢？經過佳織努力的翻譯之後才知道，原來F1是「配種和牛」的稱呼。

後來查了資料才明白：日本有一種原生牛種叫但馬牛，原則上以這種原生牛種飼養長大的都叫和牛，又因為飼養地區不同而有各自的稱號，像是著名的日本三大牛肉：松阪、神戶、近江（也有人說是米澤）。當然還有其他地方也有出名的牛肉，像是東北還有前澤牛，北海道有宗谷牛，另外，名古屋附近的飛驒山那裡的飛驒牛都是名牛。至於F1呢？則是日本和牛與一種荷蘭乳牛混種而成的肉牛，飼養比較容易，肉質的油花等級的要求也沒有那麼嚴格，說簡單一點就是平價的和牛，價格和特種和牛可是差個好幾倍呢！在一般日本的肉店統稱為「國產牛」，F1則是飼主的專業稱呼。

和青田一家遊松島，經過三一一後，這張合照更顯得珍貴。

地震前在青田家團聚吃牛排看似一般農家聚會，現在回想起來覺得幸運。

三一一地震後，南相馬的家雖然損壞不嚴重，卻因為位在福島核電廠二十公里的範圍內，政府規勸人民撤離，可是青田爸媽在住了一陣子收容所後，實在不願意流浪在外，兩個月之後還是回家裡住了。在仙台工作的佳織因為輻射管制一度回不了家，這一年來，青田哥哥搬離南相馬，姐姐、姐夫一家離開故鄉，搬到東京近郊重新開始事業，一位遠親嬸婆在地震後住院，後來去世。這些事聽得讓曾經拜訪過南相馬家的我非常難過，幾次想買張機票飛福島探望，也因為怕再給青田家帶來麻煩而作罷。

熱情好客的千葉齋藤家

有位嫁到日本的朋友說，人際關係是日本生活中最困難的一部分，這點連日本人也不否認，不過也有些人並不那麼懼外。我想起住在另一個日本朋友家的經驗；住在千葉的齋藤久代是在東京問路時認識的，後來因為她來台灣旅行而交好。回日本後，她申請到加拿大進修，而我正好計畫去東京度假。久代熱情地邀請我一定要去他們家住兩天，而我也毫不猶豫地就帶著台灣特產鳳梨酥和烏龍茶嘗試到日本人家作客。

位在千葉的齋藤家，時髦的「一軒屋」讓人聯想到「全能住宅改造王」節目。

去日本人家裡拜訪似乎是不錯的體驗，可是初作客難免擔心禮貌問題。還好齋藤家是西式建築，不用跪著進門。搞笑的是，從日文補習班裡，學到日本人送禮的時候都會謙虛地說：「つまらないものですが、お口に合うかどうか…」（直接翻譯的話，意思是：「無聊的東西不知道合不合您的胃口？」）被久代抱著肚子笑說：「好老套！」她從小到大沒有講過這句話。我手忙腳亂地打招呼，反而化解兩邊人馬不知道該怎麼適應對方的尷尬。

齋藤爸爸比較害羞，我們聊天的時候，他在旁邊默默笑著不出聲。齋藤媽媽則是非常活潑，和我們分享和朋友到台灣旅遊的經驗。她把多年前在花蓮拍攝的錄影帶拿出來，帶著大家一起拍手唱〈那魯灣〉，久代一直笑她媽媽：「歐卡西！」（很奇怪耶！）。齋藤媽媽還很熱心地跟我討論她來台灣時看的電視新聞，直呼陳水扁「進桑」（日語發音的陳先生）……問起他現在如何了？

那天晚上，齋藤爸爸請我們去吃日本料理，住家附近的小日本料理店，是久代從小吃到大的。原本以為就是日劇裡家有來訪客人，主人在巷口叫一大盤壽司外送的那種程度，可是看到一大盤生鮮沙西米上桌可真把我嚇一跳，比在台北有名的日本料理店吃到的還要大上一倍，什麼都有，除了北海道的海膽，還有千葉附近海域捕獲的鮮魚，另外還有野生鮑魚。我一邊吃一邊怨嘆：為什麼跟我們家老張出門都只有「海女套餐」（類似生魚片蓋飯定食）可以吃，雖然他老是辯稱那才是樸實的美味，可是愈想愈不甘心啊！

因為在齋藤家只住兩晚，走的那天，齋藤媽媽特別請了假，她說要烤肉請我吃。齋藤媽媽自稱烤肉一級棒，一定要我嚐嚐之後才能走。可能也因為唯一的女兒要去國外留學吧！烤肉也要人多才熱鬧，我恭敬不如從命。

齋藤家住的是所謂的「一軒家」（獨棟的房子），有個院子，他們就在院子裡擺上一張摺疊桌，用一個小小的、插電用的烤肉架（方便到我也想買一個回台灣）就烤了起來。因為院子不小，兩老把種菜當作生活最愛，大部分是齋藤媽媽在照顧，齋藤爸爸只有偶爾幫忙澆澆水。那天我們直接從瓜藤上摘下小黃瓜蘸著味噌醬吃，現摘肥肥的茄子拿來烤，還用剛剛摘下的紫蘇葉包著烤肉吃，全新的烤肉經驗讓我羨慕，想起台灣的中秋節，大家在陽台上或是騎樓下烤肉，我們就沒有現摘的青菜。

（左）從日本卡通裡來的印象是重要時刻叫巷口壽司店的綜合壽司已經很享受了，可是齋藤爸爸卻請我們去日本料理店吃，看看這一大盤的生魚片和天婦羅，我用幾十盒鳳梨酥都還不了。（右）這就是我說想帶回來的小烤爐。齋藤媽媽用特殊配方將肉先醃過一晚，連洋蔥、青椒等青菜也都先醃過。

齋藤久代是獨生女，可是在三十三歲這年仍然決定要到加拿大唸書，兩老雖然不捨，但仍為女兒辦離別烤肉會，出發的前兩天，全家大合照！

離開的那一天，一個人搭車回東京，要三個多小時，青田媽媽幫我做了一個特大號的飯糰，還附帶我那幾天直説好吃的地瓜、番茄，連香蕉都幫我帶上了。

不只火車便當，青田媽媽還幫我準備了鄰居自己種的米（福島米原來也很有名），青田媽媽自己醃的蘿蔔、紫蘇梅和自製的柚子辣椒醬，我捨不得地一點一點慢慢吃，沒想到兩個月後，我又收到福島寄來的包裹。

看看齋藤媽媽多麼自豪她的小菜圃，手上拿的是紫蘇葉，我也好想自己種，在台北超市買十片葉子要六十塊台幣呢！

為了讓我方便餵牛工作，青田媽媽特別借給我她的工作服，連手套都幫我準備了。

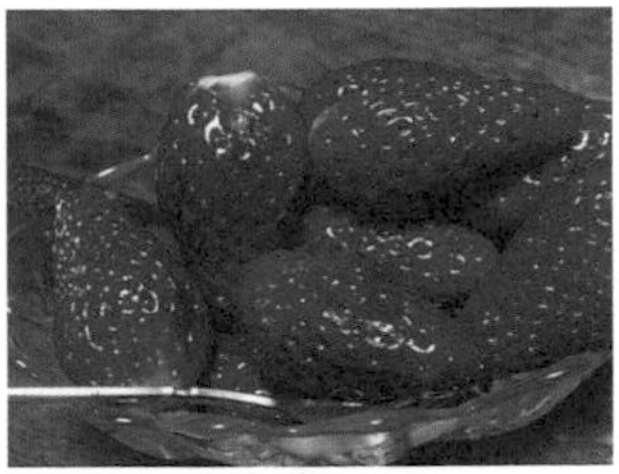

在青田家，什麼都被我稱讚好吃，從甜美帶酸味的番茄、豆腐，連個頭不大的草莓也是又甜又多汁，人不可貌相，草莓也不可斗量啊！

這種草飼料看起來不怎麼樣，可是要把它們一塊塊弄鬆，還是搞得我一身大汗。

田舍生活的美好與辛苦

曾經聽說巴西人招待外來朋友最熱情的方法就是睡主人的床。沒想到我在千葉的齋藤家和福島青田家，卻都受到如此隆重的對待。

千葉的齋藤爸爸媽媽特別讓出他們的主臥房，媽媽去和久代擠一張床，爸爸則是去睡只有一坪半的儲藏室，那裡面還吊滿了在風乾的衣物。雖然齋藤家在一樓還有一間很大的榻榻米房間，但是只有在節慶時用來接待客人，平常不用，就像他們家裡也有西式餐桌卻很少用，齋藤爸爸還是習慣坐在榻榻米上，用矮茶桌看報紙和吃飯。

這個情形在青田家也是一樣。青田家是農家，房子比齋藤家大，兩層樓共有八個房間。佳織說她小時候最討厭大掃除，自己的房間都整理不乾淨了，還要整理其他六、七個客房。青田媽媽幫我留下了二樓最大的一間客房，大概有十二個榻榻米那麼寬敞，比我過去住過的民宿房間都大很多。正中間鋪了日本人的睡鋪，不像旅館只有一條墊被，我那個被鋪有四層，其中一層是電毯，最上層還是毛毯呢！在一月底這種低溫接近零度的日子裡，鑽進去就不想出來了。可是我一定得起來，半夜會起床尿尿啊！離開被窩還好，房間裡有一個暖爐，可是一開房門就打哆嗦，因為廁所在一樓，我必須用跑的下樓，衝到廁所再衝回來，一路都在發抖狀態。

這是農家的真實面，不可能整棟房子都裝上暖氣，這也是為什麼日本人家「衛洗麗」這種東西非常流行了，座墊可以加熱，不然冬天的半夜裡一定常常聽見廁所傳出來的慘叫聲。

提到廁所和浴室，我另一個愛看的日本節目是「全能住宅改造王」。在千葉的齋藤家就見識到節目裡大改造之後的浴室。齋藤家在改造時把浴室放在二樓，和馬桶分開，廁所那間就單單一個馬桶，小小窄窄的，顯得有點孤單。但是洗澡的浴室和節目裡改造過後一樣，有像溫泉旅館一樣的蓮蓬頭、小板凳和小盆子。旁邊則是超豪華浴缸，裡面已經接好了熱水，上面還蓋上一個捲簾似的蓋子保溫。久代提醒我要先用蓮蓬頭沖洗乾淨後再進浴缸泡。

也因為在齋藤家有過經驗，所以到青田家時，佳織一再提醒我泡過的水不要漏掉，因為日本人都會讓客人先泡，那缸水之後還要泡全家呢！我想起了卡通「櫻桃小丸子」，一模一樣的情景。住在日本人家，光是研究洗澡和睡覺文化就已經夠我值回票價，難怪有位作家妹尾河童還特別寫了一本有關日本名人家裡廁所的書。

記得離開青田家的那天早上，我也學電視節目裡面要有所回饋，青田媽媽帶我去鄰村養牛人家體驗。大部分的農家都是早早起床，養牛也不例外，從打掃農舍到準備飼草，都得在十點前做完。雖然不像電視節目裡住一晚的回饋，我也打從心裡感激這樣的招待，我費力地學習打掃，弄鬆牧草，搬運分配到牛棚裡。儘管只是跟著做一遍就已經滿身大汗，但似乎能稍稍感受到農家的辛苦，這是在都市出生、成長的我從來沒有過的體驗。

原來這就是農村的生活啊！當我還在思量「田舍生活」美好多還是辛苦多時，張國立又用鼻子說話了：「看妳現在還想不想搬到花蓮還是台東啊？」

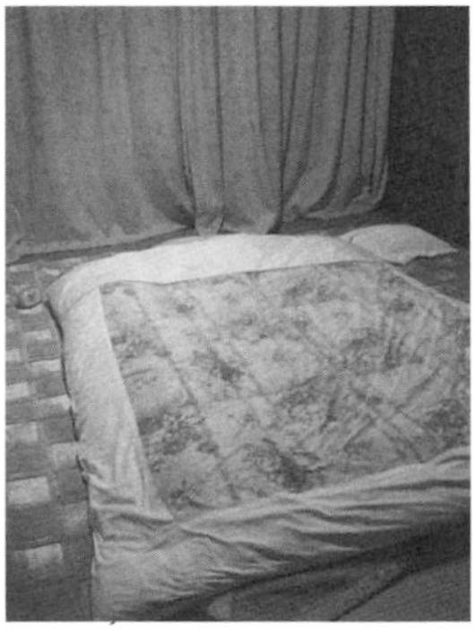

在青田家，這就是我睡過最舒服的榻榻米墊被，總共有四層，足足比一般旅館多三層，還有一個超方便的遙控電燈開關，也就是鑽進被窩後不用站起來拉電線開關關燈，只要按枕邊那個遙控器就可以，我覺得這是日式榻榻米床最重要的配件。

深入體驗日式柳柑

張國立

住旅館也可以古典一點

日本的旅館文化很令人傷腦筋，他們計費的標準是人頭，以每個人多少錢來計算。即使西式旅館，單人房和雙人房的價格也差很多。我多拔一毛以利日本人者，能不為則不為也，因此經過觀察，發現他們單人房也挺大的，就心生一計，何不訂單人房，然後偷偷把老婆帶進去，這樣子可以省掉不少錢，可惜我家老婆死要面子，她說什麼也不肯幹這種被逮到後有失國格的事。我說有什麼關係，反正被逮到就說她是ＱＫ，不過夜，不就成了嘛。

這麼偉大的創意被趙薇徹底否決，我還平白挨了頓罵，她說：原來你以前出差都搞這套！天地良心，她實在聯想力太豐富了吧。

日本旅館中最特別的就是「旅館」（發音為柳柑，Ryokan），純日本式的小旅館，大多只有十來個房間，在有溫泉的地區也叫溫泉旅館，兩者間除了溫泉外，沒有其他差別。例如都是榻榻米式的房間，都幾乎共用浴室和廁所，大部分都有「一泊二食」，然後，全部都貴。

去京都和奈良，我覺得既然要體會日本文化，當然得住日式柳柑，再說我覺得那種錢湯式的大浴場，比起窩在小房間內洗那種一體成型的小浴室要爽多了。

「柳柑」也分很多種，有素泊的，不包括一泊二食；有料理柳柑，你非吃他的一泊二食不可；

奈良的椿屋柳柑，外表不錯，很日本味，但裡面的庭院卻乏人整理，倒是早餐有奈良著名的雜炊粥，保證一上午總得上個三次廁所。

在吉田山莊吃完早餐，還可以去旁邊的小樓裡喝杯咖啡，看著屋外的紅楓幾乎要傾瀉進屋子來。

有很貴很貴，貴到一個人要五、六萬日幣一晚上的；有比較便宜的，你得自己鋪床，上廁所得走上個十七、八公里——公尺。

去京都和奈良這些古意十足的地方，我都對柳柑充滿了好奇，尤其在伊豆半島時，某天我散步經過一家日式的房子，忽然看到木格子門拉開，出來一位穿著和服的婦女，小心謹慎地哈著腰站在門前，接著一個提著行李的男人出來，昂首闊步去趕火車，頓時，我對木門內的世界有無法克制的衝動。一定要給他住住看，於是〇八年去京都、奈良和飛鳥，我就對趙薇提出住柳柑的想法。她很不思議地問我：你真的要住，不後悔？

那次我一口氣住了三家，奈良住的是椿屋，飛鳥住的是若葉（算民宿了），斑鳩住的是卯川屋，都不算貴，也都很道地。

第一家的椿屋黃牆黑瓦很古典，住進去後馬上發現三個問題：浴室很小很舊、牆很薄門更薄、對面的公寓可以一眼看穿我房間。也有兩個值得讚揚的地方：老媽媽服務生誇我很帥（她大清早喚叫我「一K面」，趙薇說是娘砲的意思）、可以不附早晚餐讓我省點錢（趙薇說我是鐵公雞，拔根毛得用鉗子）。

飛鳥的地方很小，我找不到旅館，只有民宿，可是也照樣有一泊二食，也照樣睡榻榻米，好吧，說老實的，價錢便宜很多，一個人只要六千日圓。若葉的一樓是雜貨店和小餐廳，我們的晚飯就到一樓去吃，那天很熱鬧，有修路的工人、兩個單身的生意人和一個年輕人。大冷天怎麼有年輕男孩單身跑來街上見不到兩個行人的飛鳥呢？我還擔心小男生會不會是來殉情的，直到睡前我在洗臉槽遇到他，見他很仔細地刷牙才放心。我以前也失戀過，失戀時根本沒心情刷牙，我大概三天都沒刷，所以我深信死命刷牙的人八成不會想不開。

若葉也出現四個問題：

一、要自己鋪床。我和趙薇吃完晚飯等半天，也不見有人上樓來幫我們鋪床，只好識相地自己動手，這也好，比較自由。趙薇在榻榻米上鋪了一床被子、一床毯子，恨不能再鋪五個枕頭，她把櫥子裡所有的東西都拿出來鋪了。

二、公用廁所離每個房間都很近，嗯嗯不能太大聲，否則整個民宿裡的住客都聽得見。飛鳥不大，尤其半夜裡大地一片寂靜，全飛鳥都會聽到。

三、洗澡間只有一小間，大家得輪流排隊。吃晚飯時只見老闆很辛苦地問每個人，分別安排好時間，依序洗澡，就差沒規定每人只能洗三分鐘。

四、房間內沒有電視，得到外面的公共空間去看。這也不能算是問題，大家都坐在那裡對著電視機也很有趣，像看電影，而且還可以聊聊天，討論蜜柑的價格與油價波動間的關係。

接著去法隆寺，我們訂的是當地一家較大而且小有名氣的卯川家旅館。晚飯有很新鮮的生魚片、炸蝦、煮魚板，床也鋪得溫馨可愛，走到法隆寺更只要三分鐘，可是問題又來了，雖然只有一個問題，可也是問題呀。

問題簡單，暖氣只有房內有，廁所裡沒有，也沒有暖座馬桶，做蛋糕時屁股涼颼颼的。從房間走到廁所要經過一段長廊，對夜尿者而言是很大的考驗。洗澡則更頭痛，要先走到廁所，再爬鐵梯，沿路讓我想到日本電視節目「全能住宅改造王」。卯川家的房子顯然也是經過幾次沒有詳細規畫的改建，走到浴室帶著點歷險的成分。我喜歡歷險，再說浴室很大，有四個供下池前沖浴的蓮蓬

這是我住過最好的柳柑，京都的吉田山莊，你們別問我價錢，反正我到現在還在心肌梗塞之中，不過在楓葉時節去，美喲。

頭，而且池子很大，打個瞌睡可能會滅頂。

之前我在京都也刻意地去住過一家著名的柳柑，叫吉田山莊，離真言堂很近，而真言堂的櫻花與楓葉都很美，晚上和清晨可以走去散步，淨化一下我污穢的心靈。山莊內則全是楓葉，主屋是大家住和吃的地方，還有棟小樓，則是住客喝咖啡看書的所在。吉田山莊做的懷石料理很有名，因此也對外做餐廳的生意，好像只有幾個房間而已，要是在台灣，絕對可能是官商勾結的最理想地點。

那次給我留下對柳柑完美的印象，可是吉田山莊很貴，我被嚇到，改住便宜點的柳柑，雖然吃住沒那麼好，倒是也真能體會日本式旅行的感覺。

還有一次去住世界遺產，白川鄉合掌屋的柳柑，能住進遺產內先有種幸福感（比起古蹟，我變得年輕），半夜上廁所走在地板上發出咔滋咔滋的聲音有種安全感（聽得到小偷進來的腳步聲），牆薄門小不便做愛也讓我有輕鬆感（總不能沒事把人家合掌屋給搞垮是吧）。清早起來，店家已在門前剷雪，見到我便猛鞠躬，害我也跟著頻頻彎腰，咔嚓，我腰怎麼了？

連住幾家柳柑，坦白說，我住到快不行的地步，首先是枕頭，日本最近好像流行什麼健康枕頭，裡面裝的什麼阿里不達硬邦邦的穀類，睡到我的脖子快扭斷，健康也不必和舒服搞對抗呀。其次是廁所，我始終認為上大號是人生三大不花錢的享受之一（另兩項是睡覺和夢想），在馬桶上可以看看書、可以舒筋解骨、可以性幻想、可以躲開外面世界的忙碌和焦鬱。偏偏柳柑的房內多無廁所，要和別人共用，這就有點掃興了。還有呀，在榻榻米上起床很費事，平常我都是「下床」，住柳柑則相反，要「起身」，對於懶鬼而言，其間的差別很大。

更有個我這輩子也無法適應的柳柑「積習」，我才剛起床，女中就來整理棉被、布團，準備安排早飯，這時我得對著女中微笑，再說上五至十一串的問候敬語。天底下有誰能一起床就展現出歡欣鼓舞朝氣蓬勃的模樣？還得再撐起肚皮幹兩大碗白飯配味噌湯？

因此當我離開斑鳩要回奈良時，我決定不要再住柳柑了。趙薇冷言冷語地說：

「你不是歷史古蹟之旅，要體驗全日式的旅行嗎？年紀大、骨頭硬，挺不住啦。」

糟糕的倒不在於趙薇的不孝——更正，是不肖——再更正，是不笑，姑且大人不記小人過，麻煩的是日本人放連續假期，連著週六和週日之後，週一是他們的開國紀念日（二月十日），好像全日本的人都出外旅遊，把旅館全訂光了，因此我除非按照行程繼續住連續第四家柳柑外，就得睡車站。我是有原則的人，千變萬變，本人的不要再住柳柑的立場不變，我們另外訂飯店，三顆星兩顆星，半顆星的都成。

趙薇此行負責訂房，她打電話打到我快被瞪死，最後我只好自己來訂，奇怪了，她打十個電話也找不到半間房，我才第一通就訂到。那是家在奈良近鐵火車站旁的小商務飯店，叫什麼花小路的，房間很小，沒有一泊二食，沒有女中很熱情地說「剛回來呀」，沒有公用浴場，房間內的陳設也很簡單，浴廁是我最痛恨的一體合成式，可是當我坐在馬桶上看書時，啊，人生呀，竟是一個專屬馬桶就能滿足了呀。

柳柑大進擊

——早餐吃到爆——

一泊二食的早餐簡直豐富到中飯都不用吃的地步，一定有醃菜，一定有鮭魚，也一定有蛋。好一點的是現做蛋捲，差一點的也會來個溫泉蛋或者炒蛋。奇怪的是日本人早上愛吃白飯，按照趙薇的處女座吃法，是用海苔把飯捲起來吃。據說這樣的早餐，要三千日圓，我看連晚飯都可以省了，早飯吃他個三碗，再用海苔把飯捲了當晚飯。

——半夜防尿尿——

住柳柑得睡榻榻米，大部分的柳柑都會代客鋪床，不過一個小時前才在這裡吃晚飯，馬上睡在同一地點，飯香菜味仍繞樑到半夜呀。日本人的棉被都真的又膨又暖，這是柳柑最窩心的地方。半夜起來尿尿就慘啦，所以要選擇靠著門的那床，一來縮短尿道距離，二來免得踩著另一個人的肚皮前進。

——賞雪不出門——

每家柳柑或大或小都有個中庭，裡面也搞得有山有水，很賞心悅目。這是法隆寺前卯川家旅館，坐在露台可以欣賞中庭樹草都掛滿了雪，就省得還要冒風寒的出門去賞雪，不過也有個副作用，愈看愈冷愈想早早鑽進布團去。

——另類榻榻米——

京都鴨川旁有這麼個露營區，原來是流浪漢的自助式柳柑，他很聰明，用一堆破傘當屋頂，也擋風擋雪的，倒是上面貼了不少市政府警告他搬家的公告，說明傘下的老兄頗能處變不驚地繼續安然當他的釘子戶。

——夢幻與現實——

這是奈良一家大型的柳柑，光是入口處就已經搞得如此富麗堂皇，不禁讓我想起宮崎駿「神隱少女」，果然有電影中這種旅館。我在門前鬼鬼祟祟地偷瞄半天，就是沒勇氣去問價錢，要是對方說一晚十萬日幣，我應該伸伸舌頭逃走咧，還是點點頭地說：好極了，我下次一定來住？

早餐吃到爆

半夜防尿尿

賞雪不出門

另類榻榻米

夢幻與現實

柳柑大進擊

附錄1——

日本史上黎明期的古都：奈良，原稱平城京

七一〇年平城京設置於此，因而開始發展，不過七九四年遷都至平安京，使得奈良一下子成了田野，但是興福寺、東大寺、春日大社等佛寺的勢力興起，發展出「門前町」。

＊說明：七一〇年，元明天皇由位於飛鳥的藤原京遷都於平城京，這也是日本第一個棋盤式城市，中央是南北向的朱雀大路，其東邊為左京，西邊為右京，北部的中央則是平城宮。且將原設於飛鳥的大安寺、藥師寺、元興寺遷移過來。

奈良也稱「平城」、「寧樂」、「諾樂」，不過發音上都唸成 nara，即使「平」，也唸做 narazu。於是就變成了奈良。

目前以藥師寺、大安寺、元興寺、興福寺、東大寺、西大寺、與京外的法隆，並稱「南都七大寺」。

登錄於世界遺產的則有東大寺、興福寺、春日大社、春日山原始林、元興寺、藥師寺、唐招提寺、平城宮遺址等八個地方。

【東大寺】

聖武天皇（在位七二四—七四九）發願而建的國家鎮護廟宇，大佛殿高四十七公尺，其名稱的由來是指「平城京東方的大寺院」。寺中供奉的主要是奈良象徵的「盧舍那佛坐像」，七四九年完成，因為受地震、修繕影響，現在高度為十五公尺。但如今佛身大部分是十六世紀室町幕府時代的產物，佛頭更是十七世紀江戶時代新修的，保持原樣的只有蓮花座的部分。

大佛所在的金堂（大佛殿）於江戶時代再建，稱為世界上最大的木造古建築。

＊交通：近鐵奈良站搭乘巴士約五分鐘，大佛殿春日大社前下車，徒步三分鐘。

【藥師寺】

天武天皇（在位六七三—六八六）為了祈求皇后（後來的持統天皇）早日病癒而建，後來整座寺都遷移到奈良，藤原京的原來藥師寺則稱「本藥師寺」，現在橿原市城殿町的金堂，有東西二塔的遺跡。如今的東塔有一說是從藤原京移來的，可是大家比較相信是於七三〇年新建。

＊交通：近鐵奈良站搭乘巴士，約二十分鐘，在藥師寺前站下車。

【唐招提寺】

唐朝的鑑真和尚（六八八—七六三）以十二年的時間，五次遇難，最後終於抵達日本，天皇以原來的新田部親王宅邸賜給鑑真為道場，不過寺廟的形成卻在鑑真死後。金堂中央的須彌壇上安置的是本尊的盧舍那佛，與密宗的大日如來一樣，有光照萬佛的意思，其身後的光背雕有八百六十四尊小佛像。

＊交通：近鐵奈良站乘巴士，約十七分鐘，在唐招提寺站下車。

【春日大社】

這是藤原氏的家廟，建於七〇九年，主神是從常陸國（茨城縣）鹿島所侍奉的武甕槌命移來，其後又加了經津主命、天兒屋根命、比賣神。因為傳說武甕槌命是從常陸乘白鹿而來，所以大社內養了一千頭以上的鹿，被視為神獸。它的背後就是據說神經常降臨的三笠山，此山被視為聖地。

最精采的部分是長一點三公里的表參道上，設有一七八〇座石燈籠，而社內的迴廊內再有一〇一二座釣燈籠。

＊交通：近鐵奈良站乘巴士，約五分鐘在春日大社表參道下車，再步行十五分鐘。

【興福寺】

原為藤原氏在山城國的山科所建的寺廟，後來先移到飛鳥，再移到奈良。其中的八角形北丹堂是鎌倉時代一二一〇年所建，三重塔也是同時代的產物，五重塔則於一四二六年重建。寺內的佛像很有名，鎌倉的雕刻大師康慶就留有南丹堂本尊，定慶則雕有維摩居士像（東金堂）。

＊交通：近鐵奈良站徒步約五分鐘。

【法隆寺】

六〇七年成聖德太子所建的聖德宗總本山，其中的金堂和五重塔是世界現存最古老的木造建築。同時被列為世界遺產的，這個地區除了法隆寺外，尚有法起寺、中宮寺、法輪寺。這裡是日本第一批被列為世界遺產的建築，為還用明天皇的遺願，聖德太子乃修建，原稱斑鳩寺，七一一年再建現在的金堂和五重塔。

在中門左右有奈良時代所做的金剛力士像，其中左邊的吽形，為日本最古老的力士木像。

金堂，在西院中，為重層的入母屋造，平面是正方形，為飛鳥時代金堂建築的特徵。西院裡，金堂和五重塔、中門、迴廊等都是在八世紀完成的「飛鳥樣式」，摻雜了留學隋唐的學生所帶回來絲路上的希臘（犍陀羅）文化。

重要的佛像有釋迦三尊像（六二三年鞍作止利所做）、四天王像（日本最古的天王像）。五重塔在西院的金堂之西，高三十二點六公尺，七一一年完成，中央的通心柱下面安置了釋迦的舍利子容器，因而在第一層的內陣四面安放了土塑的佛陀生涯像，東牆是維摩居士與文殊菩薩問答、北牆是佛陀入滅圖、西面是舍利分割圖、南面是彌勒淨土。這也是世界上現存最古老的木造塔。

東院伽藍中心的夢殿是八角丹堂，是在聖德太子一族沒落後，荒廢的斑鳩宮（太子的居所）上，所建祭祀太子的建築物，其中有與太子同高，一七八點八公分的救世觀音像。據說是在明治年間，美國東洋美術研究家與美術史家岡倉天心，共同發現了這個菩薩即太子的秘密。

＊交通：位於奈良縣生駒郡斑鳩町，從近鐵奈良站乘巴士約五十分鐘，在法隆寺前下車。

【法起寺】

是山背大兄王根據聖德太子遺言所建，原來這裡是岡本宮，為聖德太子向推古天皇講法華經的所在。

附錄2——

聖德太子大化革新的古都飛鳥

所有的人聽說我大冬天要去飛鳥，都會先問：「飛鳥？」然後再問：「你幾天沒吃藥了？」

好吧，我去飛鳥有五個非常高尚的理由，你們評評理：

一、飛鳥是日本文化的發源地，在有日本這個國名之前，日本稱自己為大和朝廷，指的就是飛鳥這個地區。（朋友說：So？你是日本人，要去尋根？）

二、飛鳥有很多古老的寺廟，其中最有名的是唐招提寺，裡面供奉著唐朝時費盡千辛萬苦才到達日本傳教的鑑真和尚遺骨。（朋友說：你到底要去看廟，還是找死人骨頭？）

三、飛鳥還有著名的巨石文明遺跡之一的石舞台古墳，更有不少個公元三至五世紀的前方後圓墓，據說可能和埃及的金字塔有血源關係。（朋友說：你明明就是要去找死人骨頭嘛！）

四、在飛鳥租輛腳踏車，騎在現代農田和歷史遺跡之間，時光或停或走，賞心悅目，能讓心情得到淨化。（朋友說：要騎車？我借你一輛，去木柵的富德公墓，保證你的心情不但淨化，靈魂還會揮發，下山也可以去深坑吃個豆腐。）

五、去完飛鳥可以再去斑鳩，那裡有世界遺產的法隆寺，是世界上最古老的木造建築，再說——（朋友打著呵欠說：有飛鳥又有斑鳩，有沒有炸雞呀？）

反正，沒去過飛鳥，怎能算去過日本！

看到這種日式的老房子，總有進去住住看的夢想，等到發現早上從榻榻米上直不起腰時，再後悔再抱怨，就再說唄。

男人逛洋鄉，女人住洋房

趙薇・一個人的輕井澤小度假

就像日本家庭主婦藉出遊來減輕壓力，
同樣身為家庭主婦的我，即使臨時被朋友放鴿子，
要去「東京的後花園」輕井澤的意志卻堅定不移。
就這樣，離開台北、拋下老公，
我要享受一個人的美好綠意！

張國立・到橫濱看老洋房吃洋食

女人愛去東京，但是男人只想逃出東京。
那麼去哪裡呢？把地圖放在地上一轉，
很好，橫濱正指著我。
於是，站在著名的中華街牌坊前，
趙薇心不甘情不願地說：到橫濱來真是意外。
我說：對，人生本來就充滿意外。

一個人的輕井澤小度假

趙薇

輕井澤 karuizawa，眾所皆知的日本避暑勝地，號稱東京的後花園。我的第一印象來自渡邊純一小說裡，久木和凜子兩人相約死亡之旅的終點站。兩人的不倫之情不知該如何解決，竟然效法日本三〇年代文壇名人有島武郎和貌美女作家波多野秋子兩人在輕井澤自殺，無論在小說面或真實面都讓輕井澤變成一個令人感到幸福滿溢而不在乎死去的地方。

另外，之前在北海道美瑛住民宿的經驗留下了美好的印象，一直希望哪天再有機會能來個東京出發一泊二食民宿小旅行，而不只是在東京都內瞎拚到腿痠。

輕井澤的西式民宿

照理說，民宿和瞎拚並沒有直接關聯，因為和香港朋友約好了七月一日到日本旅遊順便趕一下夏季折扣，又為防止敗血太多而提出其中兩天來一趟輕井澤民宿計畫，朋友和我兩人都認為日本家庭主婦不也都是以相約出遊來減輕壓力的嗎？這個藉口被張

國立嗤之以鼻，但是卻讓兩位家庭主婦的意志更加堅定。

沒想到就在出發前一天，朋友臨時打電話說不能去了。我—被—放—鴿—子?!一個人去還是不去?獅子座（雖然張國立一直認為我是處女座）的人不容許計畫被更改，而且暑假大事怎能輕言放棄?最重要的是總覺得旁邊那個人虎視眈眈，好像只要我一宣布取消行程，他就要開香檳慶祝似的，還是去吧，只花了一下午的時間就把之前三個月的規畫推翻重訂。

從東京上野搭乘長野新幹線，一個小時十分鐘就能抵達輕井澤，也因為方便才成為許多東京人選擇這裡做為短期度假的地方。

原本以為輕井澤只是一個鄉下小地方，車站門前就是舊輕銀座通，十五分鐘就能逛完，計畫中午抵達後，在附近吃完中飯再去民宿。可是一出車站，竟然有點不知何去何從的猶豫，看樣子輕井澤不小，這才體會為什麼旅遊書上要分出舊輕、中輕和南輕好幾個區塊了。

預約的民宿是人氣部落客 Panda 介紹的，名叫 Candytuft，民宿主人三橋先生因為喜歡這種叫做白蜀葵的花而將民宿定名為此。Candytuft 的設備和認知中的「民宿」不同，一樓的接待室像社區圖書館一樣寬敞，餐廳則是標準的歐洲小木屋造型，還有燒柴火的舊式火爐。客房在二樓，木質的樓梯非常寬廣。十間客房分布

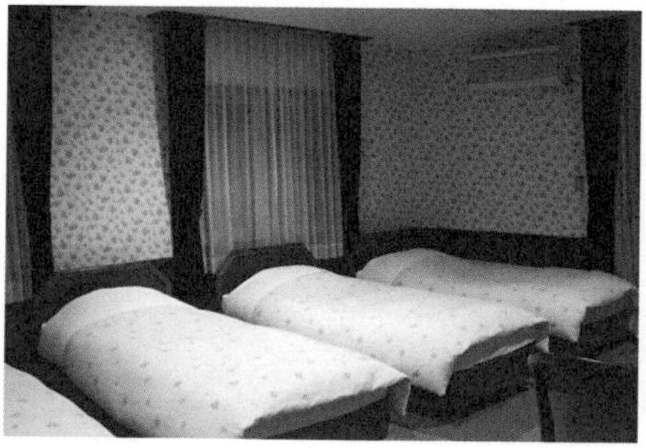

（左）Candytuft 民宿也提供這種四人房，讓人聯想到白雪公主和七矮人……下一次找一堆姐妹一起來。

（右）腳踏車是 Candytuft 民宿招引客人留宿的王道，雖然是帶菜籃的買菜車，還是讓我留下了美好的回憶。

在寬廣的木製走廊兩側。我為什麼一直用「寬敞」這個字呢？因為真的很寬敞！除了一樓的大浴池，每個房間裡都還配備浴廁，也有電視，根本就是旅館的規格了。

比起其他民宿更讓人感到貼心的是，Candytuft 老闆免費出借腳踏車，既不用另外花費，也免除了出入的不便。停留在輕井澤的時間裡，腳踏車不只是交通工具，也讓這趟旅程留下了特別美好的記憶。

腳踏車漫遊輕井澤

日劇「美麗人生」裡，木村拓哉有一天蹲下來和常盤貴子坐的輪椅一樣的高度，說了一句：「原來這就是一百公分的風景啊！」在輕井澤騎腳踏車也給了我重大發現：踩上腳踏車也不過比身高高出二十公分左右，為什麼和走路的心情大不同？我踩著踩著終於悟出：腳踏車的速度和高度加乘起來讓開心的程度多出好幾倍呢！

輕井澤位在長野縣東南，海拔一千公尺的高原上，被淺間山、鼻曲山還有錐冰嶺等山包圍，即使夏季氣溫也非常涼爽。這裡根本就是一片森林地，只要一離開主幹線，轉進小路就會進入兩排高大白樺樹或落葉松的樹林裡，林蔭茂密得就算大中午也曬不到

輕井澤不僅是人的度假勝地，也是狗的天堂，許多飯店或是民宿還特別註明歡迎寵物，這使得寵物也成為輕井澤吸引人的風景之一。

室生犀星是日本著名詩人，活躍於大正到昭和中期，他從昭和六年起的三十年間，每年夏天都到輕井澤這座舊居裡避暑，留下許多作品。

太陽。騎著腳踏車穿梭在樹林裡，涼風拂過臉頰讓人忍不住想要大聲喊出日文：氣持ちいい～（心情好好）。舒服的天氣，舒服的空氣，連脾氣也都沒了。但是張國立口氣卻不太好，打電話回去報告行程說：「ㄟ，我經過一家賣起司的店，好多種喔，要是你在這裡一定會吃個夠。」

「台北快熱死人了！」電話那頭的聲音聽起來很無力。

「我也去了日本文學大師室生犀星的舊居喔！」

「他的詩妳讀過嗎？」嗯，語氣裡有挑釁的意味。

我岔開話題：「我發現他家的院子中間有好大一棵楓樹！秋天楓紅的時候一定很漂亮。」

「台北快熱死人了！」

除了這句話，他似乎沒別的話要說，這人似乎比我更應該來輕井澤度假。

輕井澤小教堂巡禮

印象中，北海道的函館是一個非常西化的城市，有電車、纜車還有好幾座特色教堂。可是到了輕井澤才發現，輕井澤的教堂比起函館不遑多讓。加拿大籍的傳教士 Alexander Croft Shaw 是輕井澤的開宗始祖，是他開啟了輕井澤做為避暑勝地的歷史。由他所創建的日本聖公會 Shaw 禮拜堂位在舊輕銀座通底，通常逛街的遊客多半不會走到綠蔭參天的小徑裡來，我是為了尋找日本文學家芭蕉句碑時不經意發現的，被松木包圍的木造小教堂非常樸實，若非門前立了個傳教士的雕像和介紹，可能會被一般遊客誤認為只是一間舊舊的山中小木屋罷了。

除了 Shaw 禮拜堂，舊輕附近還有好幾座小教堂，其中聖保羅天主堂被陽光反射發亮的銅板屋頂還是美國名建築師設計的，因為得過美國建築學會的獎項，還出現在日本文學家的小說中，有很

聖保羅教堂位在著名的Church Street上，全名「輕井澤聖保羅基督教會」，特別的是三角形傾斜的銅板屋頂，出自美國著名建築師，是輕井澤代表建築之一。

「聖公會」全名「日本聖公會．Shaw紀念禮拜堂」，就是紀念加拿大傳教士Alexander Croft Shaw，也就是輕井澤開宗始祖的教堂。教堂前還有傳教士的半身塑像，位在松葉林裡，是一間木造的樸素禮拜堂。

多遊客特別來朝聖。

老實說，沒有宗教信仰的人再怎麼朝聖教堂，心裡還是空虛的。在義大利旅遊的時候，被各式各樣莊嚴神聖的教堂感動，差一點就要皈依天主教，那種心情就好像村上春樹到希臘亞陀斯半島參訪希臘正教修道院，路途中有位僧侶對他說：「請改邪歸正皈依正教再回到這裡。」畢竟遊客永遠是遊客，與虔誠信仰的信徒甚至從事聖職的人難以有所交集。

輕井澤的眾多教堂已經被旅遊導覽規畫成一條路線，其中我最想去的是位在中輕井澤的高原教堂，教堂內部是用石頭及玻璃砌成拱形，有歐洲中古世紀的氣氛。我跟三橋先生借了腳踏車順

樹林間的高原教堂，曾因多位日本文人在這裡舉辦自由教育講座而廣為人知。最重要的是有許多人選擇在這裡舉辦婚禮，充滿幸福溫暖的教堂。

便問了路線，三橋先生很驚訝：中輕有點遠，更何況高原教堂顧名思義位在高處。騎腳踏車？他搖著頭說：「ちょっと……」我知道這在日語裡有含蓄拒絕的意思。可是我說那裡很羅曼蒂克，很多日本女生都想在那裡舉行婚禮，無論如何都想去看看。三橋先生不知是被我感動了還是怎樣？竟然像日劇裡的男主角很阿沙力地說：那我開車帶妳去吧！儘管不好意思，但想到可以目睹輕井澤最有結婚人氣的教堂，也顧不了那麼許多了。

眾多教堂為輕井澤輕鬆的度假氣氛增添一層莊嚴神聖氣氛，高原教堂尤其是。高原教堂坐落在中輕井澤的星野，星野有著名的溫泉，是日本國內開車旅遊一族喜愛的停留地。有一家就叫做

「星の野」的旅館，一棟棟小木屋蓋在水上，光看照片就有那種此生不來會後悔的感覺，卻因為交通較不方便，自助遊旅客比較少選擇住在這裡。我搭著三橋先生的車咻地連轉幾個彎就上了高原，途中看到有人騎腳踏車，不過都是騎著高價變速登山車的專業騎士，心中暗想：還好我沒騎那輛買菜車來，否則一定在半途滾下山。

傍晚時分仍然蟬聲嗚嗚，在樹林裡看到木造三角屋頂的高原教堂，突然興起莫名的感動。因為不是做禮拜時間，教堂裡外都很幽靜，突然聽到一陣熱烈的掌聲，循著聲音找去，發現一旁涼亭裡正舉辦著婚禮，穿著白紗和晚禮服的新娘新郎正接受親友的祝福，應該不是拍電影吧？新郎新娘兩人看起來都不年輕，原來，期盼一場浪漫婚禮並不只是年輕女孩的心願呢。

我問三橋先生：「你大老遠跑到輕井澤來開民宿，一定很喜歡這裡吧？」他說之前也在箱根和其他地方經營過民宿，最後選擇落腳這裡也是因為氣氛太好，如果要做自己喜歡的工作，當然也要選擇一個自己喜歡的地方。經營民宿十年的三橋夫婦有一個小孩，我突然提出建議：「等民宿生意穩定之後，要帶太太來高原教堂再辦一次婚禮喔。」三橋先生說：「ㄟ，羅曼奇酷ㄋㄟ，趙桑也和先生一起來辦一次教堂婚禮吧。」

「嗯，可以想一想喔。」

才剛認識不算相熟的兩人，竟然在這種地方做下了這樣的約定，真是有點奇怪。輕井澤真是一個讓人無法不浪漫的地方呀！

輕井澤美食

一般人遊輕井澤多半從車站開始，站前筆直的輕井澤大道一直通到舊輕井澤，舊輕最著名的景點就是銀座通，也是典型的日本商店一條街。長六百公尺的商店街從最吸引人的「白石青果店」開始，白石青果店可不是普通的八百屋（日本賣菜賣水果店的統稱），這裡專賣輕井澤特產的高原野菜。大家都知道台中武陵農場的高麗菜好吃是因為地勢高，日夜溫差大，蔬菜特別甜。這裡道理相同，高海拔的萵苣、高麗菜還有花豆等等不只是青果店的招牌蔬菜，連此地的餐廳也大打美味高原野菜的噱頭，也是許多東京人瘋狂到輕井澤來度假的原因之一。

因為輕井澤是最早引進洋人度假的地方，這裡的特色就是「非常非常洋味」，簡直不像在日本。著名的餐廳不是做法國菜就是義大利料理，還有幾家東京名店來這兒開的分店。舊輕銀座通一條小巷子裡的「Bistro Pachon」，就是代官山老字號法國餐廳的姐妹店，提供道地的南法料理。看到書上拍到他家的名菜「普羅旺斯煎鯛魚」，美味得讓人口水都要流到照片上了，只可惜我到的時候已經三點多，早過了午餐時間，無幸品嘗。

旅遊書上還有介紹一家「Franch Berkery」的麵包店，號稱用輕井澤清澄可口的山泉水來製作麵包，據說約翰藍儂住在輕井澤的時候都來這裡買麵包。可是我從店外看裡面黑抹抹的，架上孤零零地躺著幾個麵包，兩位喝咖啡的婦人用的竟是紙杯，害我興趣盡失。倒是正對面另一家「淺野屋」麵包店人潮洶湧，排著隊在搶購呢。這家麵包店打著古法製作招牌享負盛名，據說是先用石臼磨麵粉，發酵好的麵糰也用石窯來烤，木製的櫃檯和麵包架擺著各式麵包，好像每一種都很美味，我選了一條棍子麵包和一杯柳橙汁做為今天的午餐。

法國棍子麵包好吃的秘訣我已經在《吃垮達文西》書裡詳細介紹過，而淺野屋的法國麵包正符合標準，外皮酥脆害我吃得滿桌都是屑屑。一邊掰著麵包吃，我一邊好奇地在旅遊指南上找淺野屋的資料，一看又後悔了，他家的招牌是烤牛肉三明治，單是烤的牛肉已經夠吸引人，淺野屋還選

1 2　舊銀座通上的白石青果店（1）、淺野屋麵包店，（2）還有起司（3）、果醬店（4），貪心的我又想說如果
3 4　有民宿可以自炊的話，就可以省下三分之一住宿費。（ㄟ，我怎麼跟張國立一樣小氣了勒？）

在輕井澤最浪漫的莫過於漫步森林中，隨意找一家喜歡的咖啡館坐下來或聊天或發呆都好，難怪能成為東京人療癒的最佳場所。

在各式各樣咖啡館中，我偏好這種低調不要太可愛的設計，姑且稱為茜屋流吧！不論吧台「擺設」或是手藝都深得我心，特製甜點只有一種：巧克力蛋糕。獨特有個性的茜屋流咖啡讓我連續光顧兩天。

用當地有機小麥烘焙而成的天然酵母麵包來夾烤牛肉，再配上當地有機蔬菜做成三明治。唉！總是事後才後悔，在吃的方面，我有時偏執得連自己都討厭。

在銀座通上，我對衣服、飾品沒太大興趣，倒是野生蜂蜜、自家製的在地果汁和手工果醬每種都想買，心裡決定臨走前再來大採購，逛街心情變得輕鬆許多。一路逛到銀座通底，瞥見一家咖啡屋，樸實的木造房子把外牆木板塗了瀝青一樣的黑漆，而白色斗大的字寫著「茜屋咖啡館」，教人想不看到都難。

旅遊中喝咖啡是一種「癮」，也是重要的心靈慰藉。而在日本坐咖啡館比在歐洲多了一分寧靜，我曾經愛上北海道一家咖啡館，因為看到年輕咖啡手一針一線地縫著咖啡濾布而心生感佩。那家咖啡館以吧台為主，日本咖啡館的吧台多半是一般椅子的高度，不需要坐高腳椅，很舒服。而且可以看到咖啡手烹煮咖啡如藝術家一般流暢的動作，以滿足我這種醉翁之意不在酒的人打發無聊。

茜屋咖啡的室內布置也是一條長吧台，一溜下來大概有二十個座位。這裡的咖啡是傳統手濾式「hand drip」，也就是直接以熱水過濾咖啡，老闆說這樣比虹吸式更能保留咖啡豆的原味。這家店不只是裝潢特殊，老闆的咖啡手藝一流，沖泡時咖啡粉膨起就像火山快爆發的模樣，一旁的年輕太太「死勾伊死勾伊……」連聲拍手稱讚厲害。茜屋的咖啡連豆子也只有一種選擇──茜屋流，自家炭火烘焙摩卡加哥倫比亞，至於比例，老闆說是機密，恕不奉告。

老闆知道我是從台灣來的，說他很想到台灣看看，聽說台灣的食物很好吃。我猜他說的一定是小吃，果然不錯！第一個提到的就是小籠包，還有烏龍茶和水果等等。我還跟他說夏天的時候一定要吃的是芒果冰，他沒弄懂是什麼東西，結果我把旅遊指南拿出來給他看，就在他家咖啡館對面有一家賣冰的那種剉冰，日本人在上面澆了彩色的糖水，台灣人則在上面放了很多芒果。

我一口口啜著咖啡，突然覺得自己很厲害，用那破到從日劇裡學來，發音被張國立嫌到爆的日文單字拚命推廣台灣觀光。

茜屋咖啡和其他舊輕銀座通上的商店一樣是六點閉店，夕陽昏黃的光線照在街上，一個人也沒有，只有商店廣告布幔被風吹著發出噗噗的聲音，突然陷入時光隧道般。遊客呢？都走了嗎？難道輕井澤也像另一個小樽？只是旅人的中繼站嗎？那他們的下一站又是哪裡呢？帶著諸多疑問再度踩上腳踏車，在夕陽中往民宿騎回去，民宿女主人已經在準備晚飯了吧？

Candytuft 的主人三橋先生從學校畢業後，在商社上了幾年班，後來發現心裡有個小小的聲音想要經營民宿，於是和太太兩人到箱根的民宿充當助手，先生學管理，太太學料理。原本我對於民宿提供的西式晚餐期望不高，不過在前菜上來之後才發現三橋太太真有兩把刷子。簡單的蝦子、干貝和一小撮麵條淋上以蝦頭和蝦殼熬成的冷醬汁，真是美味極了，台北很多餐廳恐怕還做不出這樣的水準呢。不愛喝湯的我竟然也把胡蘿蔔冷湯喝光光，接下來的煎牛排雖然嫌薄了一點，但是我竟然在牛肉還沒吃完時，就向三橋先生提出再住一天的要求。

有人說經營民宿只要會三個套餐就可以應付，因為很少人會連住三天以上。我不知道也不敢求證，但是我繼續住的理由，很大一部分是想看看第二天三橋太太會做什麼給我吃。果然第二天還是牛排，如果把第一天的厚度比喻為孫東寶，那麼第二天的就是西堤，誠意足矣。同樣地，前菜已先擄獲我的味蕾，冷的鮭魚鮮嫩肥美比熱食有趣，搭配馬鈴薯濃湯和番茄肉汁菲力牛排。和第一天一樣，除了白飯外，其他全部吃光光。若說只是因為騎車太累胃口變好，那就太奸詐了，老實說三橋太太的手藝真不是蓋的，我吃得太撐，晚上胃痛睡不著覺。

輕井澤終究是一個洋化的地方，除了民宿附餐多半走西餐路線，街上也只有幾家專賣手打生蕎麥麵的老舖，其他幾乎都是西餐廳。儘管蕎麥麵是長野縣的名物，但是在這裡似乎吸引不了遊人的胃口，每個人都想沾染一些洋味兒才甘心。

從車站前舊輕大街上隨便轉進一條小徑，就像進了像杉林溪一樣的森林，而每一條小路都會和另一條大路相通。這條路叫離山通，街上有好幾家精品店，店裡展示著很有質感的衣服、包包，價錢我不敢問，相信一定也很有「分量」。因為有六條馬路交叉，所以這一帶叫做「六本辻」，另個稱號叫「美食交叉點」。第二天我騎車逛累了，想找餐廳吃個午飯，都已經快兩點了，一家叫「Trattoria Primo」的義大利餐廳居然還有人在排隊。我再騎上腳踏車往舊輕方向走，又看到一家「Trattoria Primo」，難道是餓昏了嗎？怎麼會名字一樣？門口停了好幾輛腳踏車，很好，有伴！進去後發現原來是那家餐廳的分店，竟然相距不到五百公尺。我吃了當日主廚推薦的番茄辣麵，付帳的時候，主廚站在櫃檯前，我說：「很好吃！是義大利人嗎？」他搖搖頭：「澳洲人。」一個台

萬平旅館是輕井澤白樺林中最高級的旅館，有一百多年歷史，當然價錢也不便宜，一泊二食一人索價七千台幣起。我住不起卻又想一窺老飯店建築的美好，於是到它的一樓 salon 喝下午茶，陽光灑在落地窗上，欣賞飯店內的造景花園也算到此一遊。

如果想住日式旅館，輕井澤這家つるや旅館頗值得推薦，就位在舊銀座通底，一片森林中，不過一個人住這種旅館太浪費。

輕井澤街景總是有小小的驚奇，像是這個「麥當勞」果然符合輕井澤浪漫氣氛，如果我是當地中學生，會把這裡當作圖書館。而上圖那個街角的電話亭也不知道是裝飾還是真能使用。

Candytuft 民宿裡有個火爐裝潢的餐廳，再次呈現日本人做什麼像什麼的堅持個性，可以想像在這裡用餐的舒適。

灣人在日本吃到澳洲人做的義大利麵，美食真是無國界啊！

在輕井澤的兩天中也遇到不少台灣人，有的是父母親帶著小朋友騎腳踏車逛教堂的，也有在往白絲瀑布的巴士上聽到講國語的年輕情侶。儘管現在到日本旅遊已經可以用國際駕照租車，但畢竟是開左邊，路又不熟，真正租車旅遊的人不多。如果有車，輕井澤的幾個重要景點玩起來比較不費力。比如說舊三笠飯店、白絲瀑布都在山上，還有一個叫「マウンテン」（山）的牧場在山頂上，可以體驗餵牛、騎馬等活動。而沒有開車的人則可以搭巴士先到高原最頂端，算好下一班巴士的時間，每一站玩一玩，搭下一班巴士下山，這樣把時間算好，也能玩好幾個地方。

心目中的輕井澤就只是避暑勝地，但是和三橋先生聊過之後才知道：原來四月初春的輕井澤櫻花漫開，是那種街道上、民家前到處都有的自然景象，不像在東京非得去御苑或是上野公園才能見到的人造花海。而暑假這裡是大旺季，因為輕井澤的地勢關係即使到八月溫度也只有二十度左右，加上沒有冷氣機和汽車引擎的排氣，走進樹林裡涼氣逼人。至於秋天更是遍地楓紅，十月份町內各地都有紅葉祭，活動不比其他城市少。而入冬之後，輕井澤一片銀白，也是著名的滑雪勝地。

一直以為自己計畫周詳挑了七月來避暑，沒想到還是失策，原來輕井澤最美的是其他三季呢！那麼，秋天再來吧！我臨走前和三橋夫婦做了這樣的約定。

說三橋太太的手藝多好沒人信，有照片為證，如果我能做出這樣的菜色，也可以在台灣開民宿了。

到橫濱看老洋房吃洋食

張國立

這真是牛排和鴨肉？

每次到東京，待到第三天我就快想撞壁，理由很多，隨便提幾個吧：

人多，多到喘不過氣的地步，走進地鐵是人；買地鐵票得排隊，又是一堆人。逃出地鐵站躲進百貨公司，哈，人更多。去吃飯唄，只見餐廳前面排著幾十個，「人」。

醬油味，走進任何一條巷子都可以聞到撲鼻而來的日式甜醬油的味道，這種醬油可能用在蓋飯上、蕎麥麵的調味汁裡、抹在炭火上的鰻魚上。我並不討厭這種味道，坦白說，還很喜歡，可是一聞到就會肚子餓，完全喪失意志力。

更可怕的則是銀座三越百貨、松屋百貨的地下街，整排櫃檯賣的全是食物，有日式饅頭、西式蛋糕，有打包帶走的天婦羅、有裝得漂漂亮亮的散壽司便當。走進這裡，我會迷失方向、迷失嗅覺，根本地迷失我殘存的人性。

還有，對了，趙薇呢？怎麼一轉眼就不見她人影？按照經驗，我不必擔心她迷路、被綁架，甚至去搶銀行，我只要站在原地看路過的日本美眉，三、五分鐘後她自然出現，而且完全沒有「時差」——我的意思是她不覺得有人吃風喝雨地等了她三、五分鐘，她主觀上認為她並未和我失散過一秒鐘，因此在東京，時間被外星人氣化、被日本人踐踏、被女人氣炸。

有一次我和她要坐地鐵從銀座去赤阪，才下樓，她就被一家小店電到，像中邪似的衝進去。

我是男人、是結了婚的男人、是結了很多年婚的昏頭男人，我很自然地站在門前柱子旁，掏出手中的《速讀日本史》，我早練成任何時間任何地點都可以看書的本領。即使如此，我還是無法忍受，正好對面有家咖啡館，裡面居然可以抽菸，我就對店內的趙薇說，慢慢挑衣服，我在對面喝咖啡。

我喝咖啡，我喝得地久天長、海枯石爛，喝得旁邊那張桌子已換了第三個客人，我的屁股也快冒出痔瘡了。付了帳回到小店前繼續當銅像，只見日換星移、白堊紀變成侏儸紀，趙薇才出來對我說：跟你逛街最無聊，害我緊張得直流汗。

她流汗？我沒流汗？我流膿、我流血、我、我，我流鼻涕。

山手的老洋房

所以做為陪著老婆的男人，一定要逃出東京。那麼去哪裡呢？我攤開地圖，離東京最近的兩個地方是橫濱和鎌倉，我把地圖放在地下街的瓷磚上一轉，很好，橫濱正指著我，那就去橫濱吧。

「為什麼要去橫濱？」趙薇兩眼看著櫥窗內的衣服，卻能準確地提出我不知如何回答的問題。我說，可以看到海——不，橫濱有很多店，比東京還多。

從東京去橫濱很近，坐銀座線的地鐵到涉谷，換東急東濱線的電車，半個小時就到。站在著名的中華街牌坊前，趙薇心不甘情不願地說：到橫濱來真是意外。我說：對，人生本來就充滿意外。

事情是這樣的，十九世紀歐洲列強開著戰艦來到日本要求開埠通商，日本的德川幕府被迫同意，原來開放的是江戶（東京）靠海的神奈川為通商口岸，可是東海道的驛站設在神奈川，幕府擔心老百姓和洋人相處會被帶壞，就改成神奈川的鄰村，杳無人跡的橫濱為通商地點。老外本來反對，沒想到橫濱港深腹地大，反而更好。就這樣橫濱發達了起來。純屬意外吧。

從一八五九年開港起，沒多少，整個日本八成以上的外貿都集中於橫濱，馬上成為最熱鬧和富庶的地方，洋人也以此為根據地，蓋領事館、修房子，直到今天，說起西洋式的老洋房，日本就以橫濱、九州的長崎、北海道的函館為代表。

不過德川幕府後來也垮在橫濱，那時日本仍處於農業社會，不知道如何處理外貿，大量精美的絲織品和茶葉外銷，使國內供給量大減，造成物價上揚，而西方廉價的日用品又進口，造成日本廠商的倒閉，民怨四起，德川幕府在一片「尊王攘夷」、「大政奉還」的口號中，乖乖地把行政權還給了天皇，結束了長達四百年，日本史上著名的武家時代。

既然橫濱飄著淡淡的老味、濃濃的洋味，我決定用最輕鬆的心情，看看橫濱馬車道上的洋樓和山手的洋館，順便再吃吃老式的西餐。

西餐到日本，最先也是在橫濱登陸，經過當地人的改良，出現了幾種代表性的「日式洋食」，如蛋包飯、漢堡排、燉牛肉。

先去散步，從地鐵元町車站出來，左手邊是元町入口，由此往上走就是山手。跟我們去的還有嫁到日本的外甥女與她的帥帥日本老公，四個人當中有三個要等巴士，因為山坡實在很陡，但我堅持用走的，因為，因為，因為——

因為我要報仇。為什麼她們逛街、進百貨公司一走三個小時從不喊累，走個山路就非得坐巴士不可？

接下來我們進入一個幾乎感覺不到是日本的奇妙山區，沿著山路，到處都是洋房，而且一棟比一棟可愛，觀光客又少，我呼吸到新鮮的空氣了。

【觀港山丘公園】

最初外國人坐船來到橫濱，看到的是一片拔地而起約四十公尺高的懸崖，所以就把這裡叫做BLUFF（峭壁的意思），英法的軍隊就強占這裡駐紮軍隊，又因為景色好，各國領事和商人都建造房子，不出十年，山手成了外國人的高級住宅區，一八七六年日本第一場網球賽也在這裡舉行。

山上有個外國人墓地，讓我想起清朝的義和團事件。十九世紀中，日本人受不了老外的欺侮，就有文人對德川幕府提出「尊王攘夷」的口號，尊天皇、趕老外（很有義和團的味道）。一般熱情的民眾甚至當街砍殺老外，後來日本當然屈服於船堅砲利之下，被殺的老外就葬在這裡。到現在有些老一輩的橫濱人仍不肯踏進這個墓地一步。

我們爬上山坡，最先見到的是觀港山丘公園，能眺望大半個橫濱港，感受到BLUFF的壯觀景色。

橫濱市區的觀光巴士，它有個很有趣的別名叫「紅鞋子」（AKAI KUTSU），車票不貴，大人一百日圓，從橫濱市西邊的櫻木町車站發車，經過美術廣場、碼頭前的太平洋展覽館、紅煉瓦倉庫、日本大道、中華街、山下公園、水手塔、元町入口，最後到山手山坡上的觀港山丘公園。可以在車上買票。

我在觀港山丘公園內遇到這隻花貓，牠正瞇著眼弓起身子享受日光浴，絲毫不理會我的相機，夠酷。

【橫濱市英國人館】

由公園往前則是第一棟老洋房，橫濱市英國人館。它是建於一九三七年的前英國總領事官邸，之前則是英軍駐防的營區，造型參照的是喬治六世時代流行的寬廣前廊與無隔間的大客廳。

這時看洋房的副作用發生了，先是外甥女挽起日本老公的手臂說，好漂亮的客廳喲。然後趙薇也頻頻點頭若有所思地說：嗯，房子大還是有好處。

快閃，免得她們把家小房矮，怪罪到男人頭上。

【山手一一一番館】

旁邊是另一棟更老的洋房，一九二六年建造的山手一一一番館，意思就是「山手一一一號」。原來的主人是美國的投機商人，建築師則是二十世紀初著名的ＪＨ摩根，館內有摩根的資料室。

在它側面有個小樓梯，往下是當地著名的霧笛咖啡館，有十三種紅茶，一律六百日圓，被稱為「半生」的起司蛋糕一片則要五百日圓。坐在老洋房內望著窗外的落雨，喝著紅茶，想必非常浪漫，不過我覺得才上山來就喝咖啡，太懶散了吧，再說我相信接下來還會有更棒的咖啡館。旅行時「下一家更好」是我用來唬趙薇走路的最佳口號，就像結婚前的「我一定買棟大房

進去英國人館後最引起我興趣的是這間餐廳，很簡單，不過每張桌椅都不便宜。

英國人館開放參觀，平常有些社區活動在這裡舉行，很安靜。

子」的口號。男人需要很多口號，而女人只用一個口號：「你去死好了。」

【山手資料館】

明治時代逃過地震、轟炸，橫濱唯一殘存的木造洋房，裡面對山手的洋房歷史有詳細的介紹。我覺得房子漆成蘋果綠是很棒的想法，會有點夢幻、童話的感覺。裡面一位女員工對我說，雖然待遇不高，可是能在這種房子裡住是她小時候就有的夢想，因此工作滿意。

【橫濱山手聖公會】

任何地方只要有中國人，一定有飯館和關帝廟或媽祖廟；有日本人則必有壽司屋和居酒屋；有韓國人則有燒肉店和整形診所；有英國人美國人，則必有教堂。聖公所屬於英國國教，原來是用紅磚建成的，可是關東大地震時被震毀，一九三一年重建。二次大戰時盟軍轟炸橫濱，炸彈不長眼睛，把教堂給炸了，戰後，美國駐軍才協助當地的日本人又重建一次。

霧笛咖啡館位於山手一一一番館側面，就從這裡下去，不小心會錯過。

山手一一一番館，它的正面三個拱門很有墨西哥風。它的特色是白牆紅瓦、綠窗白簾。

1 3
4
2 5

1. 英國人館後面的小花園，用圓來設計，據說這叫義大利式庭園。2. ENOKITEI 咖啡館的確美麗，可是看看旁邊停的汽車，我就，哎，人比人氣死人。3. 英國商人貝立克的家，外表有點陰沉，可是走進去就絕對的溫暖。4. 艾立曼的家看起來很有點美國東北部新英格蘭的味道，屋頂上還有個小閣樓。我最愛閣樓，可惜如今的公寓和大樓都不做尖形屋頂了。5. 住在山手二三四番館這種公寓裡也一定很快樂，一樓有走廊，二樓有露台，不過到台灣，二樓一定加蓋透明屋，一樓則裝鐵窗──我是不是有點顧人怨？

【山手二三四番館】

山上除了有獨棟洋房外，也有小型的老公寓，這是關東大地震後於一九二七年建造，專供老外住的公寓，一棟內約有四戶，前廊很有殖民地風味，讓人聊天喝茶順便吹吹風淋淋雨，以便得肺炎。我們去山手的那天是二月的農曆春節大年初二，又冷還又下雨，而且山上的咖啡又貴，所以心情欠佳。

【艾立曼的家】

瑞士商人艾立曼建的房子，也是一九二六年，可見那年的橫濱房地產一定很火，設計師則是有近代建築之父稱號的A雷蒙。雖然房子看起來很簡單，卻很溫暖的模樣。一樓是咖啡館，不過好像沒開。幸好我不喜歡在冬天旅行時喝咖啡喝茶，因為尿多，麻煩。

【ENOKITEI 咖啡館】

說著，我又走到一家咖啡館門前，也是老洋房，紅白相間，很有巧克力的味道，讓我有些忍不住。我派趙薇先去打探，她伸出舌頭，說一塊蛋糕要四百五十日圓，外加一球冰淇淋又要兩百日圓，咖啡約一千，還有十五%的稅，一個人要兩千日圓，我是老舅，一付要付四個人的錢，等於台幣兩千多。哇咧，難怪日本人愛開咖啡館。忍住。我外甥女婿正在掏口袋，我說，打住。舅舅雖然小氣，可是人窮志氣長，也不接受別人的請客。

【貝立克之家】

整個山手區最大的洋房到了，占地八十六坪，除了保留仍很寬廣的庭院外，房子蓋成黃色的兩層式，帶有西班牙風格，不過原主人是英國商人貝立克，在一九三〇年造的，也開放供人參觀，不收門票，進門後還有個讓人蓋在書上的紀念圖章。

這時我身後的兩個女人又開始討論房子的布置了，外甥女最愛鋪著粉紅床單的女主人寢室。我冷冷地說，有什麼好，房子大容易讓夫妻分開睡，和分居也差不多。外甥女瞪了我一眼。

趙薇則在一樓的大客廳內留連忘返，我也不忘加上一句：每天拖地板、吸地毯，我看要兩個小時吧。

至於我，最喜歡靠後面庭院的休息室，坐在那裡看書喝茶一定不錯。趙薇卻說：不准抽菸。

【外交官之家】

這棟房子是山手地區新來的住戶，它原是義大利領事館，坐落於東京市區的涉谷區，一九一〇年變成日本外交部官員的住宅，因為外形很美，又有歷史價值，就費了番工夫搬到橫濱來，讓洋房聚在一起。

【布拉夫（BLUFF）十八番館】

原來是天主教山手教會的神父居所，看起來就和其他的洋房不太一樣，比較像一般的居家房子，趙薇很喜歡，我當然會說：擦起窗戶來會累死人喲。

據旅遊資料上說外交官之家是美國的維多利亞式建築，意味著古典、複雜、高級，坐落在山坡上，看起來很雄偉。

布拉夫十八番館：歐洲家庭常用這種木條式的遮陽窗，大風雨來時也有保護裡面玻璃窗的作用。如果台灣的鐵窗都改成這種，想必都市景觀會完全不同吧。

馬車道的十番館

看完洋房要去吃洋食了。橫濱原是日本開放後的第一個國際商港，所以設有海關，用木柵做成圍籬，船員和貨物都只能停在木柵外，繳稅驗證後進來，就是橫濱的主要市區，稱為關內。坐地鐵到關內站下車，一出來便是著名的馬車道，顧名思義，以前當然是馬車跑的道路。二十世紀初，外國的領事館、辦公室都設在馬車道，路上鋪著大塊石子供馬車行走，晚上路邊點起瓦斯燈，昏黃的馬車道充滿浪漫。

我早聽說這裡有家洋食館歷史悠久叫馬車道十番館，明治時代重要的公私單位都建大型洋樓，依序稱為一號（番）、二號，這家餐廳恰好是十號，就以此為名「十番館」了。

歷史讀起來有趣，可是塞進胃裡不能止飢，更毫無飽足感，我獨排眾議非去十番館的原因是，很久以前據說馬車道上有家叫「開陽亭」的洋食館，日本老闆發現老外愛吃牛排，就費盡工夫地去學，在十九世紀末做出日本第一塊牛排，稱為「開化牛排」，好像還用日本醬油醃過，帶有濃厚的日本味。十番館經過考證和試做，終於重新推出這種古早味的日式牛排，怎能不去嚐嚐。

餐廳的外觀就很洋味，門前有個標明「牛馬專用」的飲水槽，還有早年日本的公用電話亭。十番館共五層，第一層挑高，是喫茶室（咖啡廳）和洋果子賣店（蛋糕店），二樓為英式的酒吧，三樓為餐廳，四和五樓為宴會場（辦喜酒、宴會的無隔間餐廳）。

一上三樓，我馬上聯想到台北的老西餐廳波麗路、肯特和總督牛排館，而且才點完菜就感受到日式洋食的氣氛，因為經理很禮貌地問我：

「請問要麵包還是飯？」

有意思吧，我點的牛排也能配飯。我還是要麵包，沒想到他們的麵包很特別，種類多也好吃，倒是日本外甥女婿非吃飯不可。說老實的，日本人對米飯的堅持，天下第一。

至於我吃到的那塊牛排，和趙薇點的鴨胸肉，怎麼說呢？好吧，這麼說，不像進西餐廳吃到的牛排和鴨肉，但的確是牛排和鴨肉。你們懂我的意思嗎？如果不懂，去日本記得要嚐嚐看洋食。

馬車道也有很多洋樓，第二天上午我和趙薇去散步，果然很有古意。

【神奈川縣立歷史博物館】

一爬出關內地鐵站的樓梯，就赫然看到眼前有棟很像台北市新公園內博物館的建築，正面如同羅馬式的神殿。它建於一九〇四年，本來是銀行。對老房子有興趣的人可以在裡面找到一些歷史資料。

【日本與亞馬車道大樓】

這棟樓代表日本西化的過程，下半段是一九二二年舊川崎銀行橫濱支店的外牆，上面則是一九八九年改建後的新式玻璃帷幕大樓。新舊並陳，雖有點突兀，卻很好看。

（左）十番館的門旁有牛馬飲水槽，在馬車道的路旁還有幾個，說明這裡以前的交通景象。（右）麵包很精采，有四種，都鬆軟可口，對於愛吃麵包的人而言，不虛此行。十番館的一樓有外賣麵包和餅乾

神奈川縣立歷史博物館

十番館的正門，用懷舊來迎接客人，右邊就是老式的公用電話亭。

日本興亞馬車道大樓

十番館三樓的布置讓我一度以為進了中餐館。

橫濱稅關本關廳舍

橫濱市開港紀念會館。

開港紀念館的小門。

【橫濱市開港紀念會館】

建於一九〇九年，紀念橫濱開港五十週年，用明治時代代表性的赤煉瓦做外牆裝飾，旁邊的鐘樓則有個「傑克」的綽號。旁邊有個小門，非常明治，可見二十世紀初，日本在建築上多麼努力西化。

【橫濱第二合同廳舍】

原建築是一九二六年完工，一九九〇年重新整建。以前橫濱不是個大城，所以很多機關集合在一起辦公，這是第二個聯合辦公中心。

【橫濱稅關本關廳舍】

很有伊斯蘭的風格，它的綽號是「QUEEN」，為此，後來還增建那個像皇冠的圓頂。現在仍然是稅關，只不過業務不再像剛建成的一九三四年時那麼繁忙。

【赤煉瓦倉庫】

馬車道的盡頭處則是大海與海前面用紅磚建造的倉庫，如今這裡改成商店街，倉庫內全是各種小店，是女人的最愛。橫濱有兩大逛街的好所在，一

赤煉瓦倉庫正面

是山手下面的元町，都是新的房子，每家店都有特色。另一則是赤煉瓦倉庫，外表看起來它很冷漠，裡面可熱鬧得不得了，什麼店都有，估計一般女人可以逛上半天，再說也有好吃的東西，像是我們找到的可麗餅店。

日本人做的可麗餅早超過法國——或者說根據法國的可麗餅自創出日式的味道。這家叫「布蕾絲咖啡」，做很多種的可麗餅，我肚子餓，要吃鹹的，點的是火腿起司可麗餅。趙薇吃甜的，藍莓冰淇淋可麗餅。兩個人一起出去旅行就有這個好處，吃東西時有「互補作用」。

橫濱的遊樂場區也在靠海的地方，有摩天輪，也有看港口景色的山下公園。山下公園往南走，則是著名的中華街了。

【農曆新年的中華街】

我們去橫濱正值中國人的春節，整個中華街塞得水洩不通。這裡是全世界最大的唐人街，而且幾乎家家都是餐廳，有大陸人開的，也有台灣人開的。我對中華街的大肉包最感興趣，因為台灣沒有像我臉這麼大的肉包，老天，和我的臉一樣大，肉包能吃吧。

好吃，好吃斃了。因為天氣冷又落著雨，包子又剛蒸出來，熱呼呼、軟綿綿，拿在手上一掰，香氣四溢，是我吃過最棒的肉包。

幾乎每家餐廳都大排長龍，到了關帝廟也是長龍，原來大家排隊買香紙好進廟上香。日本人對關公很尊敬，《三國志》在日本也很紅，因此日本人也認為關公是義薄雲天的好漢。一般來說幾乎和台灣一樣，像戰國時代的織田信長、武田信玄都以孫子為偶像，而日本的黑道（YAKUSA）則熱愛關公。

(上)這是趙薇的藍莓冰淇淋可麗餅，看到下面的煎餅沒？很可口的模樣吧。摸著良心説話，日本人做的可麗餅真是好吃。（下）火腿起司的可麗餅，看起來就很健康，尤其在倉庫外的玻璃屋內吃中飯，再配杯咖啡，很享受。

（上）赤煉瓦倉庫內賣花的小店，搞得很夢幻。整個倉庫內其實都充滿溫馨的感覺，女人一進去會出不來，所以如果怕在裡面過夜，就別帶女人去。（下）赤煉瓦倉庫的後方有露台，到了夏天則是咖啡座。

橫濱的中華街。

這家包子店打著世界冠軍的名號，也吸引很多人，看樣子大肉包快打敗拉麵和餃子，成為中華料理的代表性食品。

掰開大肉包，
裡面的餡很實在。

趙薇當模特兒，襯托大肉包的「大」，本來要用我的臉來比較，但趙薇嫌我的臉油，很噁心，怕會損及包子的形象。

去了橫濱讓我有很多感想：

一、只要離開東京，旅館會便宜很多，因此其實可以住在東京的郊區，只要靠近電車站即可，反正頂多半個小時就到涉谷、銀座了。

二、旅行不是拚命，要在百貨公司和熱門景點之外，給自己留點呼吸的空間，最好的方法就是散步，可以散到腳斷掉為止（趙薇的說法），也可以散到飢寒交迫的地步（我的說法）。

三、旅行可以大開眼界，例如日本已開始大力執行新的禁菸法令，很多地方的街道上不能邊走邊抽菸，不料卻給咖啡館帶來生意，因為咖啡館裡面可以抽菸。顯然日本政府的意思是：抽菸的人都進咖啡館，薰死你們這些傢伙。

四、古蹟不是死的，是活的，山手的洋房很多列為「國重要文化財」，但裡面的空間多提供做為社區活動之用，像是講習、音樂欣賞，不僅讓古蹟與社區的生活結合，也因為民眾接觸古蹟的機會多，也學會尊重文物。

五、東西愈老愈珍貴，男人也一樣——不，女人也一樣，愈成熟愈有魅力，也愈禁不起爬山之類的活動，請愛惜古物。

六、不要排斥外來文化，而要吸收它。日本人從大化革新的唐化，到明治的西化，沒想到竟演變出完全屬於日本文化的洋食、洋房、大肉包。像我跟趙薇從日本回來，吃得就像兩個大肉包，這叫吸收外國文化。

七、回到台灣後要大力減肥，則叫消化外國文化？

{data}

【山手資料館】
橫濱市中區山手町247，(045)622-1188
網址：www.welcome.city.yokohama.jp/tourism/manabu

【紅鞋子觀光巴士】(AKAI KUTSU)
大人搭乘一次一百日圓。一日乘車券是大人三百日圓，孩童一五〇日圓。
(045)664-2525，網址：hamabus.jp

【馬車道十番館】
地鐵關內站下車步行一分鐘。
橫濱市中區常盤5—67，(045)651-2621
網址：www.yokohama-jyubankan.co.jp

【布蕾絲咖啡】(BREIZH Café)
地鐵馬車道站或日本大通站下車，步行六分鐘。
橫濱市中區新港1—1—2橫濱赤煉瓦倉庫二號館，(045)650-8766
網址：www.breizhcafe.com

男人自得其樂，女人吃得滿意

趙薇・銀座奢華美食吃翻天

這一回，終於領略到銀座的奢華與美味，
Q嫩入口的天婦羅蝦、華麗鮮美的河豚大餐，
還有星星級的法國菜、媲美藝術品的草莓千層派……
就算被朋友白眼，
我也要說東京最愛的是銀座！

張國立・東京山梨居遊自然吃

「居遊」固然好，能「居吃」更圓滿，
稀飯、漬菜、鯖魚罐頭的和風早餐輕鬆愜意，
培根、香腸、煎蛋的新鮮早餐元氣滿點。
喔，趙薇說什麼？
Sorry，她正滿口食物，不方便開口。

銀座奢華美食吃翻天

趙薇

有人說：「新宿是年輕人的聖地，銀座是富人的天堂。」當我說東京最愛的是銀座時就常惹朋友露出眼白，很不解住在新宿和銀座有這麼大的差別嗎？其實，我也是被害者，第一次去東京因為朋友的公司和銀座帝國飯店有簽約，住房六折，接連幾次住在銀座才讓我對這裡那麼熟悉。

其實帝國飯店的確實所在地是有樂町，熟門熟路的人走到銀座的中心，也就是最著名的地標——中央通和晴海通四丁目交叉點也不過十分鐘路程。去過銀座的人都知道三愛大樓、銀座三越百貨、和光百貨以及日產大樓所在的十字路口，即使從沒去過的人也看過電影或電視裡人們從四面八方穿越馬路的景象，新聞影片中只要提到日本的景氣問題，用的大都是這個路口的畫面。我也跟許多人一樣，一定要到三愛大樓或是三越二樓的 Café 坐一下，從上而下觀看這個知名的路口，覺得自己好像掌握了東京的脈動。

儘管人就住在這個號稱東京黃金地區的高級飯店裡，但那時候也只知道亂逛，餓了就到數寄屋橋旁的迴轉壽司，或是橋下屋台（路邊攤）的燒鳥（烤雞肉串），後來才知道去百年歷史的煉瓦亭吃蛋包飯，經過木村家再買幾個紅豆麵包當零嘴就已經很高興，從來沒有想過自己身在美食天堂卻與幸福擦身，仍舊玩得很開心。

人會成長嘴會刁，會被張國立虧「歪嘴雞」也是有原因的。當對東京愈發了解，自己也急著從國民美食學校畢業，想踏進「星星級」達人的領域。二〇〇六年春節，本來已經說不再去東京的張國立，竟然臨時提議要去東京與朋友共享美食，那時已經有兩年沒去日本，沒有想到重回這個美食寶地才讓我真正領略到銀座的奢華與美味。

「銀座」是因為江戶幕府時代銀幣鑄造廠設在這裡而得名，它是東京最早開始繁華的地區，就像上海一樣，最早有百貨公司，最早有洋食。其後歷經過大火、地震甚至戰爭等摧殘而重建，在銀座老店伊東屋旁還有一塊記載銀座發祥地的碑文。最重要的是銀座在明治維新時期大量吸收西洋文化，成為了日本時尚的開端。從那以後，銀座一直走在時代潮流的先頭，也因為上流人士的品味與要求，這塊土地才能一直保留著日本的優良傳統。

我所謂的優良傳統指的是「老味道」；銀座一直是日本美食的代表重地，不論是懷石、天婦羅或是壽司，甚至蕎麥麵，每家店都是老店真工夫。最重要的還是這些老店的料理仍堅持「不時不食」的原則善用著四季食材，不僅滿足了那些名流商賈挑剔的嘴，也餵飽了觀光客的胃。

在銀座，必吃的傳統美食首推天婦羅。

銀座天一本店

日本的傳統美食多到不可數，我尤其愛吃炸的；像是炸豬排、可樂餅或是炸串等，以前台北還沒那麼流行吃日式炸豬排，每一次去日本都要吃上一頓解饞，現在自己就能做得一份好吃的炸豬排，加上台北滿街都在賣，也就不那麼稀奇了。至於炸串，有一回去九州和張國立兩人合吃一份還覺得油膩，再試的慾望不高，如此一來就只剩下天婦羅還沒嚐過。曾經看過一位日本作家的文章寫道：壽司、天婦羅和蕎麥麵都不是早期日本平民百姓隨便可嚐到的美食。現在時代不一樣了，蕎麥麵（而且是手打的）到處都有；壽司的話即使不吃頂級的壽司店，也可以透過口碑好的迴轉壽司或是直奔築地市場，三千日圓以內也能滿足。而天婦羅可就不一樣，早期去東京總要挑一個中午到銀座天婦羅老店「天國」點一份蓋飯，一邊品嘗著醬菜，一邊期待著香噴噴的炸蝦蓋飯上桌。但一份一千五百日圓的炸蝦蓋飯絕對不等於萬圓起跳的真正「天婦羅」套餐。

當我有機會嚐到銀座天一本店的天婦羅之後，才了解了這油炸美食的精髓。

銀座「天一」是一家老店，很多人的天婦羅初體驗是從他家開始，而「天一」從一九三〇年創業到現在都還是日本政府官員經常報到的名店，最常被拿來宣傳的就是美國前總統柯林頓和蘇聯領袖戈巴契夫到訪東京時，也被招待在這裡享用傳統天婦羅美食。「天一」銀座本店到現在都還維持著日式榻榻米房間，每個房間有一個炸鍋，客人圍著油鍋像坐在壽司吧台一樣看著天婦羅師父表演技術，這種高級料亭式吃法還有專有名稱，叫做「お天ぷら座敷」（白話說法就是尊貴的天婦羅座位）。

天婦羅好不好吃的關鍵有三；其一當然是材料新不新鮮，雖然銀座離東京魚市場築地特別近，但是有的店家特別從九州等地進來特殊魚貨，再因季節選購蔬菜，不因為炸物而失去原食材本身味道的技術才是天婦羅的極致精神。

再來就是油炸的油。日本人炸天婦羅要加胡麻油，讓炸物透露出深沉的香味，而其中的比例就看各家店自家配方，有的店還號稱用了兩種不同的胡麻油來強調與自慢口味。

而第三個關鍵就是麵衣了，聽說麵衣要炸到薄脆不硬，表面看還能看透青菜原本的綠色才是真本事。我也嘗試自己在家炸蝦和野菜，照著食譜書上說的用冰水來調麵糊，而且不能攪拌過度，再快速沾過麵糊後將材料放進油鍋時還要輕甩一下。當然，這種照本宣科的本事不會有太高竿的成果，於是我只好在台北到處找天婦羅店。

星鰻真是一種好食材，可以清蒸、燒烤、油炸……裹上麵衣炸過的星鰻仍舊要凸顯魚肉本身清甜才是上品。

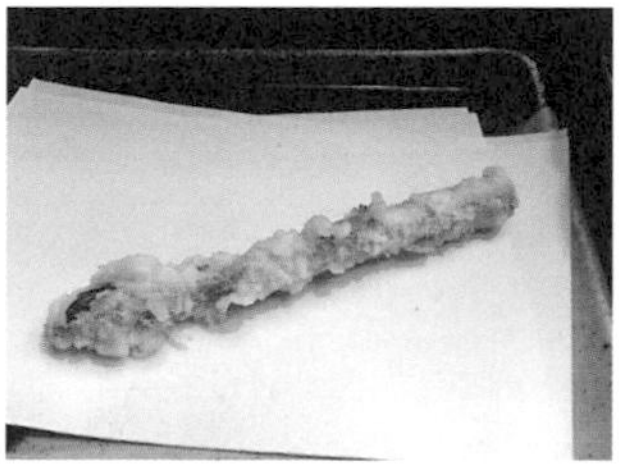

在天婦羅套餐中，蔬菜類為了凸顯清爽，麵糊要薄，要能透出本身鮮豔色彩才算工夫一流。

通常天婦羅都會先上炸蝦，連蝦頭都可以整個入口，只有香脆兩字可以形容。

也像壽司檯一樣，天一的天婦羅師傅在小小的炸鍋前輕巧地一份份炸出成品，立刻上給圍在油鍋前的客人的盤子裡。

有一次進到一家號稱天婦羅本舖的餐廳，點了一碗炸蝦蓋飯，上桌後當著師父的面用筷子戳那炸得太老的蝦子，我知道很不禮貌，但是如果連家庭主婦的堅持都比不上，那掛什麼「本舖」的招牌呢？還是這些店家是看準台灣人吃不懂天婦羅隨便唬弄？

在「天一」，師傅手腳俐落地輕攪著麵糊，不時地添加麵粉和水，果然有專業的架式。一萬圓的套餐裡面，第一道就是炸蝦，剛上來時還嫌蝦子有點小，跟以前看到電視節目裡每隻炸到巨無霸一樣大的尺寸實在差很多，當時心裡還有點小失望。不過當蝦子進嘴時，Q嫩的口感還有淡淡的胡麻油香味，教人胃口全開。後來我看到林嘉翔老師寫的《食樂日本》書裡提到：「天婦羅多半不會使用太大的魚類，因為怕糟蹋了最美味的頭部及背鰭，連主角的蝦子也是以十五公分左右，比車海老略小的卷蝦最適當。」現在回想那兩尾小蝦果然肉質細膩帶勁，差一點就把牠歸罪於中午套餐便宜沒好貨的迷思。

張國立愛牛肉，把京都三嶋亭的壽喜燒誇得像和牛天堂似的。我比較愛壽司，現在發現天婦羅也是日本料理的極致，師傅在炸鍋前專業的模樣一點也不輸給壽司師傅。重要的是全套油炸食物卻一點也沒有油膩感，而且坐在油鍋前的客人也不會一身臭油味，日本人真是把葡萄牙人傳來的炸物發揚光大了啊。

久兵衛

聽過一句話說：「政治人物不吃壽司。」雖不知道原因，但我知道一點：吃過銀座「久兵衛」的壽司之後才體會到「由儉入奢易，由奢入儉難」的道理。

和朋友同遊東京，他說要請吃久兵衛，因為價錢不便宜，不好意思而隨便找了一家號稱也是築地系的壽司店。沒想到不但嘴裡、心裡都不滿足，還要被這位飯友冷嘲熱諷：「等妳吃過久兵衛之後就再也不會想吃別家的啦！」衝著這句話，我決定當劉姥姥，讓他帶我逛逛「大觀園」，而隔天中午我們就坐在久兵衛的吧台上了。

久兵衛本店位在銀座夜晚最熱鬧的八丁目，小而簡單布置的門面讓不熟路的人很容易錯過，可那位朋友已經熟到像自家院子。讓我訝異的是一樓的壽司吧台並不大，以前在各種雜誌看到照片的印象中好像很華麗、很ㄍㄧㄥ，但這一樓的吧台只能坐個十個人左右，卻有四位廚師負責，由於大家緊挨著坐，師傅有力的招呼聲和賓客的寒暄，讓人覺得舒適而沒有拘束。

昭和十年開業的久兵衛，目前已經是第四代上台，價位在高級壽司店來說並不算最貴，中午套餐基本是一萬日圓還可以打八折，晚上最貴的是四萬日圓。我問那位朋友為什麼非他家不愛？他說吃過多家壽司店，吃得出久兵衛的魚不但新鮮，而且有些還特別選用野生魚種（現在有很多魚是養殖的）。再加上他每次到東京一定光顧，常常去一趟東京五天前後要吃兩次，因為和店家熟悉了，只要報上名號幾乎都會給位子，所以成為「常連客」。比起有些壽司老店一不收外國人二不收生客（沒有熟客介紹的客人）的原則，讓人感到親切。

四樓展出日本著名藝術家北大路魯山人的陶器。久兵衛晚上最貴套餐即以「魯山人」命名，顯示店家與這位同時為知名美食家的交情。

位在銀座八丁目的久兵衛入口低調，內有小電梯直通四層樓，二、三樓是包廂座位。

有人說要試壽司店有沒有下工夫，除了握壽司之外，煎蛋也能嚐出手藝。久兵衛的煎蛋口感細緻，風味高雅。

儘管最愛壽司，師傅上什麼都說好吃，但還是對牡丹蝦印象深刻，活蝦剝殼一摔，蝦肉馬上縮起來立刻做成握壽司，毫無二話地彈牙。我曾在台北的壽司店裡看過師傅只是把活蝦送給客人生吃，少了一點手藝。另外，在套餐中間用蘿蔔片夾味噌醬和紫蘇的爽口蔬菜，也是久兵衛的招牌，和法國料理的 sorbet 一樣有清口的效果。此外，聽說海膽軍艦的發源就是久兵衛，是因為一位常客說想把高級食材當壽司吃，久兵衛的師傅想到用海苔包住握壽司防止海膽掉落才形成了所謂的軍艦壽司。而後又發展出鮭魚子軍艦等等。

我沒吃過太多高級壽司，無法評論材料和工夫，但是至少久兵衛對外國人的服務真的讓我印象深刻。儘管有人說那是久兵衛太商業化，甚至讓一些國內客人反感。但另一方面說，面對一個勇敢挑戰日本生魚料理的外國人（有很多歐美、甚至印度客人），久兵衛的師傅會盡量用簡單的英文單字和客人溝通，告訴他們吃的是什麼魚，該蘸醬油或是該吃原味，使得日本壽司能夠去除門檻讓更多外國人接受。也許這也是另一種經營哲學，也因此久兵衛的壽司吧台上，常常能看到老外獨自一人也來享用日本最高境界料理的景象，這在別家老壽司店幾乎是不可能的事情。

遲來的河豚美味

有一年農曆春節假期去九州，那趟旅程因為日幣花光光，原訂最後一餐要吃河豚的計畫泡了湯，在博多河邊的屋台以關東煮解決最後一餐。我當然知道這是張國立的伎倆，他每次都故意換少少的日幣，花完了也不願意刷卡，讓我抱著沒吃到河豚的遺憾過新年。而冬季的十二月到二月是吃河豚的季節，同行的飯友也是河豚專家，此時不吃更待何時？有的時候覺得自己很像日本人說的「季節性動物」，這個時候不讓我吃，接下來不知道要怎麼過

白蘿蔔片夾味噌紫蘇芝麻的涼菜非常清爽，和西餐中的 Sorbet 有一樣清口的效果。

河豚除了肝臟之外，幾乎每個部位都被用到，像是魚皮燙熟再泡冰水後，冰冰脆脆的是最好的下酒菜。

久兵衛套餐快到尾聲時會上星鰻（穴子）壽司，有兩種：烤過的刷醬，清蒸的撒一點海鹽，師傅通常會建議清爽的，也就是清蒸的先吃，才能吃出新鮮穴子的滋味。

一般的鱈魚白子蘸柚桔醋吃，但烤的河豚白子（精囊）香軟濃稠，直接品嘗最好，被風流的日本人形容為「西施乳」……

河豚師傅不是只有取出有毒的肝臟才需要執照，這薄如紙的切片才是終極手藝。

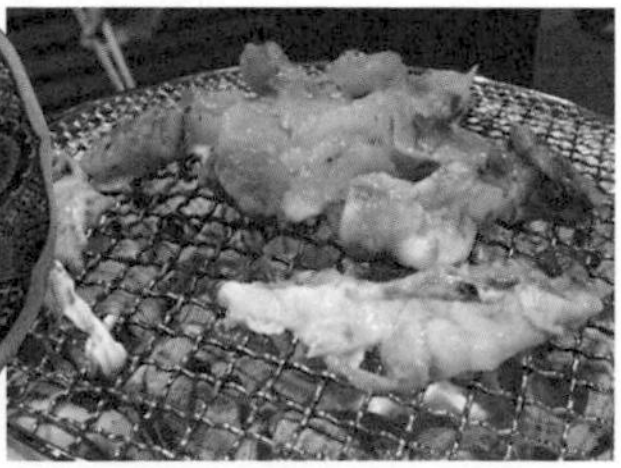

別以為河豚肚子脹大起來是「膨風」，牠的肉也很厚實，我覺得烤的比煮火鍋的好吃，炸的口感則更棒，比炸鹽酥雞好吃一百倍。

炸過的河豚魚鰭泡進清酒裡，拿火一點，除了燒除部分酒精，也讓魚鰭香氣加倍飄散。

日子？張國立又在旁嗆聲說：「有這麼嚴重嗎？」

河豚種類有上百種，拿來做河豚料理的多半是虎河豚，因為大量食用，現在吃到的又多半是養殖的，別說滋味，價錢和野生的可以差上一倍。當然，專業美食達人朋友帶我們吃的當然是野生河豚。

河豚多半採套餐供應，從生魚片開始到雜炊火鍋結束。生魚片是測驗河豚師傅的功力，切的薄度要透到能看到盛盤的花樣，而擺盤的花式還要帶點藝術美感。至於吃法也很講究，因為河豚本身味道很淡，一夾兩、三片，配著辣蘿蔔泥和青蔥蘸點柑桔醋入口，清淡耐嚼的才是美味。

接著生魚片後面的是白子，也就是魚的精囊，搭配橘醋蘿蔔泥吃起來較爽口。這白子好吃的條件無他，絕對要挑過，否則會有腥味。日本人很愛吃白子，除了常見的鱈魚，河豚的精囊也是上品。有的人則烤著吃，像電影「送行者」裡兩個男人吃白子的景象象徵著男人的交心。

其實吃河豚套餐一個人吃掉不只一尾河豚，生魚片後還有炸河豚肉、再用炭火烤著吃，接著還要煮火鍋。鰭的部分也沒浪費，烤過後泡溫酒，上桌時，女侍還會點火讓酒精燃燒，真可謂華麗的一餐。

套餐最後吃著河豚火鍋剩餘湯汁煮成的雜炊（稀飯），那種美味讓眼淚幾乎要掉了下來。早期日本人將冒著生命危險品嘗河豚那種讓人又愛又怕的感覺比喻為偷情的刺激，我不是日本人，不需要靠河豚刺激身心，倒是滿心感謝；在那之前的三個月，不知名怪病上身，頭痛、咳嗽、全身不舒服搞得連味覺都失靈了一個月，託河豚之福，我又再度嚐到所謂的「美味」。從鮮脆的刺身，柔軟的白子，香酥的炸物，一直到鮮美的火鍋，世間有幾種食物可以這樣呈現美味呢？我慶幸在這個新春開始的季節嚐到了日文裡和福氣的「福」字相同發音的河豚，真是一個好的開始。

咦？我怎麼聽到旁邊有鼻子噴氣的聲音，那應該是鯨魚而不是河豚吧？

更有一次，師傅不煮雜炊而煮成釜飯，也就是用陶鍋將河豚肉以高湯煮飯，上桌時飯上面鋪了滿滿的細蔥更添清香，將炊飯拌勻入口，只有「滿足」兩個字可以形容。師傅還幫我們把吃不完的剩飯捏成飯糰打包，隔天就成了最棒的早餐。至此，終於理解日本人以前為什麼寧冒死亡的威脅仍舊要一嚐美味河豚的心情，真的是「死了也甘願」。朋友駁斥我說：「什麼死了甘願？一定不能死才能繼續吃好東西。」

的確，能常在銀座吃吃喝喝，誰會想死的問題啊？繼續吃下去吧！

最近幾年，東京改變很快，比如說大家熟悉的原宿表參道，小小代表性的樓房店鋪已經不見，取而代之的是世界各名牌的旗艦店，緊接著六本木聲名大噪的 Hills 和 Midtown。於是很多人說：「銀座落伍了啦！」其實一點也不！日本泡沫經濟的八〇年代，銀座的銷金能力世界著名，而後儘管也蕭條了快二十年，銀座的消費在日本還是赫赫有名。雖然近年六本木、表參道之丘陸續的改變形成新一波的流行勢力，可是銀座如同女王的崇高地位從未被取代。各大名牌旗艦店也在銀座通和晴海通上一棟棟矗立起來，讓原本就已經輝煌燦爛的銀座大道，更增添高貴氣氛。

位在銀座通八丁目口的資生堂橘色大樓又是另一個重要指標，在它身後就是銀座餐飲的一級戰區，入夜之後真的可以用夜夜笙歌來形容。

有星星的法國菜

要說到銀座美食，不能不提法國菜，而說到法國菜又不能不提資生堂。或許到現在還會有人問：「資生堂不是賣化妝品的嗎？」說起來也沒錯，資生堂公司從賣咳嗽藥水起家，後來開始投入餐飲市場賣冰淇淋，結果愈做愈上手，除了本店的高級洋食和下午茶甜點一直是東京洋風的領導者之外，聘請了法國主廚掌勺的L'SOIRE法國餐廳更是連續三年享有米其林三星（二〇一一年因裝修內部沒有參加評比）的榮耀。據吃過的朋友評鑑：的確名副其實。貪吃的我當然也想撒把銀子嚐一嚐傳聞中的美味，可是，難以置信的是竟然連續三年都沒有吃到。從東京還沒有米其林評鑑的時候，L'SOIRE就已經很難訂位，後來的兩年我都是在確定行程後從台灣打電話訂位都沒有訂到過，無法證實傳聞中的美味。

不只是L'SOIRE，位在白金台，連續四年拿到米其林三星，因為主廚是年輕的日本人而聲名大噪的Quentenss更是超人氣。我從台北打了幾次電話都是佔線中，有一次特別在用餐時間打到餐廳，接待人員說一定要打專線才能訂位，我說每次都打不通啊！這位服務人員用很禮貌的英文說：「非常對不起，因為我們每天大概有兩千通電話……」真是教人生氣也不是的無奈！

不過也因為如此，我在另一位法國美食大師Alain Ducasse的餐廳裡一償宿願，見識到米其林的魅力。

Alain Ducasse先生在全世界各地有二十多家餐廳，在東京的BEIGE是二〇〇四年成立的。餐廳位在銀座通香奈兒旗艦店的頂樓，店內空間開闊，因為訂的是午餐，還有銀座的街景可欣賞。BEIGE是以香奈兒最喜歡的杏桃色而命名，這裡的服務員穿著香奈兒制服，連鞋跟後面那朵山茶花都教人很難不多看一眼。

到米其林餐廳用餐是許多人一生的心願，但是也有人卻認為不應該以星制做為評定美味的標準，更別說價錢了……張國立就是這種人。因為怕被他吐槽，我約了好朋友前往，把他一個人撇下時有點後悔，還是應該找他來嚐嚐的。

BEIGE的午餐套餐從六千日圓起，最貴的是一萬兩千。晚上則是從一萬五起跳。為了能少花點錢吃到主廚的專業，午間套餐是很好的選擇．我點了比基礎高一級的八千日圓套餐做為入門。

以海鮮為主的中午套餐，先上了一小杯湯，然後是以小鯽魚做的魚凍沙拉，魚凍讓人印象深刻，在七月熱天裡感覺很爽口，讓味覺驚喜也驚醒。而主菜配的是牛肉，以牛排方式製作。點菜時我心裡就不太抱期待，但是上菜時和蔬菜搭配的盛盤方式讓人印象深刻。不像有些做作的餐廳，每點東西一點一點地散布在盤子上，教人不知道要怎麼吃法？BEIGE的主食牛排和色彩豐富的各式蔬菜層層疊疊，稱為藝術品也不為過。

當然，最期待的甜點的部分，BEIGE的甜點主廚也沒讓人失望，除了先上了一盤那時台北也很流行的馬卡烘小圓餅，我點的冰淇淋竟然做成像溫泉蛋一樣，蛋白模樣的檸檬冰沙裡面透著百香果黃色，簡直「就是」一顆溫泉蛋。用中國菜的色香味來形容這個冰淇淋也不為過。

雖然品嘗星星的次數不多，但是這次的經驗讓我滿足到不知如何形容，唯一的缺點就是實在吃得太飽，我和朋友竟然沒把印有香奈兒標誌的鈕釦巧克力吃完。張國立吐槽說：「真不像妳的為人！」這時又想說還好沒跟這人一起吃「星星」，那叫浪費！

所謂的星星餐廳，也去過Joël Robuchon六本木店和惠比壽總店，總覺得Robuchon豪華是豪華，但讓我覺得太在意使用的器皿和排盤，視覺的混淆讓入口後的美味感受少了點悸動，而BEIGE的簡單美味，可以感受到廚師對食物的珍愛，反而更讓人感激。

要認識銀座不難，以著名的銀座通（也稱中央通）和晴海通交叉點四丁目為中心，背對三越百貨面對木村屋的那條就是銀座通，右手邊是一到三丁目，除了一般人較熟悉的松屋百貨公司，LV、Mikimoto、Bvlgari、Channel、Cartier等旗艦店都在這條路的兩邊。至於左手邊往新橋方向，則是五到八丁目。這裡的最大目標是松坂屋百貨公司，名店則有國民品牌Uniqlo、Zara，二〇〇八才開幕的H&M，我記得H&M開幕那天大排長龍還上了台灣的電視新聞呢。噢，對了，對面新加入的「Abercrombie & Fitch」非得一提，店員都是摩特級的帥哥，聽說開幕後特別吸引歐巴桑群，只為了去和露出上半身結實的六塊肌的帥哥店員拍照，引起很大的風潮。

這些名店的門前就是銀座通（也稱中央通），這裡每週日禁車變成步行者的天國，從昭和四十五年開闢一直延續到現在。

而就算不是週日，在銀座的小巷中散步也是一種享受。各丁目之間的小街道，各有各的歷史；像瓦斯燈通（ガス燈通り）街上鋪著紅磚，夜裡點亮的瓦斯燈是明治時期的產物。柳通、櫻通還有花椿通顧名思義，就是街上分別種了柳樹、櫻花或是山茶花，讓窄小熱鬧的市街更增添風情。穿梭在這樣的小街巷裡，店鋪裡陳設的服飾精品已經不是重點，抬起頭看著Gucci、Channel和資生堂等名牌精心設計的大樓，搭配著不同行道樹和街燈，更能享受銀座繁榮中不失風情的獨特風采。

在銀座，講究的是優雅。儘管這裡也是麥當勞和Starbucks的初生地，但是來到這裡的貴婦們可不因此而滿足。各式各樣的喫茶店從馬路邊開到大樓裡；要喝茶有英國血統的「Benoist」，法國巴黎複製的「Mariage Frères」，至於咖啡館更是除了有以炭火烘焙為號召的「壹真咖啡」連鎖三家店外，賣玩具的博品館對面有家號稱日本最老之一的咖啡館「Café Paulista」，當時不但是文人聚集地，店裡還展示著約翰藍儂和洋子的照片，據說當年兩人也是該咖啡館的愛好者。這使得在銀座喝咖啡不只是流行，也是一種懷舊。

花椿通椿り屋咖啡店

江戶時代，七、八丁目周邊是出雲藩的領地，那時稱作出雲通。直到明治五年，資生堂創立後在附近種植大量的茶花，在這之後居民暱稱這條美麗的街道為「花椿通」。在這條路上有一家以巧克力著名的リシャール銀座店，而在她旁邊的就是昭和時代正統喫茶派「椿屋咖啡店」。特別喜歡這家咖啡館的原因是她斗大漢字的招牌讓人不注意也難。而咖啡館內裝潢是穩重的深咖啡色，加上復古沙發，一口大鐘立在牆邊，好像時光倒流，牆上還掛著日本文藝畫派大師竹久夢二的作品。這裡除了提供正統的虹吸式單品咖啡，英式下午茶套餐三層點心盤照英式傳統方式設計，最重要的是咖啡杯具是我最愛的哥本哈根唐草系列。如果肚量不大，單點有名的戚風蛋糕配上咖啡或紅茶剛剛好。位在銀座美食一級戰區的八丁目，這裡的價格可能比其他咖啡館貴上一倍，但是二樓窗邊的座位剛好能觀察街上貴婦的一舉一動，在銀座似乎變成一種必要的奢侈。

椿屋除了咖啡下午茶，中午時分有咖哩飯簡餐可以選擇，又因為營業時間到清晨四點半，半夜時分也能吃到義大利麵，從這點可以充分感受到受到銀座夜生活影響而形成的特殊飲食文化。

あづま通り　「銀座ぶどうの木」甜點店

銀座擁有很多日本歷史的第一，像是松坂屋就是銀座第一家百貨公司，雖然被朋友笑說：「去逛松坂屋的都是歐巴桑！」但是歷史性的標的絕不只是老舊的代名詞，有一些標的性的象徵可是新時代產生不出來的；更何況松坂屋也了解了時代進步的道理，最近的專櫃變得非常年輕，連地下樓也都改成「無印良品」的國際櫃 MUJI。

重要的是在松坂屋百貨公司後面有一家我很喜歡的蛋糕店「銀座ぶどうの木」，其實她算是一家西洋菓子連鎖店「銀のぶどう」（銀的葡萄）的旗艦店，「銀のぶどう」在幾家大百貨公司地下街內也設有專櫃，但是在銀座這家店的二樓提供的則是現做的甜點，像是許多高級餐廳飯後提供的甜點——橙汁可麗餅，桌邊現做不稀奇，張國立最愛的是這裡的舒芙蕾，笑稱世界第一。雖說別的甜點店裡也都能吃到舒芙蕾，但是基本上都是香草、橘子或巧克力等傳統口味。而這家店的舒芙蕾只有起司口味，在麵糊裡加入兩種起司去烤，香氣完全不同，剛剛烤出來的蓬鬆度簡直無懈可擊。表面帶點酥脆，湯匙一挖內層則鬆軟無比，一份一千五百日圓的甜點還附上白酒，我相信就算是不愛吃甜點的男士也絕對會愛上這款，就像日本人愛說的：「大人的滋味。」

因為我們去的是冬天，正值草莓季節，我應景地點了草莓千層派，「銀のぶどう」的千層派和一般蛋糕店提供的切片大不相同，這裡是一片四方派皮、一層卡士達醬、一排草莓這樣層層鋪疊，價值感倍增，而如藝術品般的排盤真會讓人捨不得下刀。

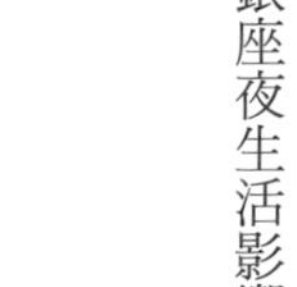

張國立不信邪，什麼都能現做？他偏偏點了栗子塔，看店員怎麼表現？這人反骨，只要我說什麼他都反對。服務員提醒因為現烤所以要多等十五分鐘。等待的時間裡，這位愛唱反調的人一邊看我混合著酥脆派皮和香軟的卡士達夾著酸甜的草莓入口，一邊口吐惡言說什麼：「再發出那種聲音就把妳頭打破！」

栗子塔終於上桌，以派皮做底，放上三個大栗子的特製圓塔上，還加上一球香草冰淇淋，送上來的服務員，熟練地在塔上淋下蘭姆酒點火一燒，瞬間香氣四溢，還沒吃到就已經拜倒，如果甜點店也有米其林星制，我想這家店一定會上榜。

西五番街——Pierre Marcolini

在銀座亂逛過的朋友一定會注意到這條小街，就像很多地方的商店街，有一道拱門式的大招牌矗立街頭，這條街以時尚精品店聞名。而在二〇〇一年開了一家比利時來的巧克力店——Pierre Marcolini，店名就是主廚的名字，在比利時也是赫赫有名的巧克力店。銀座這家還是全球第一家巧克力附設Café。開幕之初天天排長龍，人氣持續幾年不退。有一年的夏天我逛到附近，看到人龍才突然想到，啊！久聞的這家店原來在這裡，也顧不得門口的人潮，一個人呆呆地跟著排隊。

這家店一樓販賣自製巧克力，玻璃櫃裡呈現二十多種精緻的手工巧克力，就像珠寶店一樣。二、三樓的咖啡座則以巧克力原色裝潢，搭配暈黃的燈光，走的是極簡風格。明明已經下午四點多，我還排了大約半小時才等到位子，管不了形單影隻的我和旁邊成雙成對的情侶格格不入，自顧自地點了一杯當店最有名的熱巧克力（其實有點誇張，在三十五度高溫的八月天），另外又貪心地點了一塊經典巧克力蛋糕。那熱巧克力和我以前在法國喝的完全不一樣，普通的只是比咖啡濃度還厚一點，可是這家店用了七十%來自中南美的純可可，該怎麼形容呢？簡單地說好了，比川貝枇杷膏還要濃厚，一口下去巧克力的濃醇香在嘴中化開，整杯喝完後好像連鼻子都能呼出巧克力的香氣。而古典巧克力蛋糕也是鬆軟到恰到好處，使用比利時最經典的巧克力製作，完全沒有添加麵粉，入口即化又是一陣香氣溢出，完全無法形容的巧克力風味。

當天晚上我沒吃晚飯，到半夜還在打嗝，實實在在的濃醇香……張國立又嗆聲說：「銀座什麼都好，不會連隔天上廁所也是巧克力味道的吧！」

根本不必理會這個不懂風情的人。

{food}

【銀座天一天婦羅本店】
東京都中央區銀座6—6—5（並木通），（03）3571-1949

【久兵衛江戶前壽司】
中央區銀座8—7—6（花椿通），（03）3571-6523

【藍月suki燒】
中央區銀座3—5—8（松屋百貨對面），（03）3567-1021

【Tara河豚料理】（銀座本店）
中央區銀座8—7—2（花椿通），（03）3572-7820

【虎屋和菓子】（銀座店）
中央區銀座7—8—6（銀座通），（03）3571-3679

【葡萄之木洋果子店】
中央區銀座五丁目8—5，（03）3574-9779

【Benoist Tearoom】
銀座松坂屋百貨四樓。另有零賣專櫃在地下一樓。

東京山梨居遊自然吃

張國立

居吃東京

——泡麵配稀飯和鯖魚罐頭——

因為台北的房價漲得太兇，有個朋友一氣之下跑去東京買房子，他一再說：「忠孝東路有比我這棟還便宜還好的房子嗎？」

我這人的原則是眼見為信，到了東京一看，哈，不看不知道，一看嚇一跳。我這人還有另一個原則，既然來了，不吃吃喝喝絕不走，就這樣吃飽喝足，賴在朋友家一覺不醒，第二天他回台北，留了鑰匙在桌上，要我待在他家時務必記得：

「請留心水電、請不要亂帶美眉回來、不在時請關好門窗、要喝酒在家裡喝請別出去丟人、回台北前請把房間打掃乾淨、請把床單枕頭套洗乾淨、請把垃圾處理掉、請鎖好門將鑰匙帶回台北還我。」

他還附上一張圖，說明他家的室內布置和生活日用品的儲放位置、瓦斯和浴室乾燥機的使用方法——咦，我再找找，他跟我媽一樣的細心，怎麼沒留幾萬日圓給我當零用錢咧？

算了，別太計較。另一個朋友有次喝醉酒也賴在主人家，還記得躺上人家的大床，睡到半夜有些涼，也記得拉起被子蓋在身上，不過第二天早上卻發現自己躺在院子的草地上，身上蓋的是輛腳踏車。交朋友別太挑剔，要隨時感恩哪。

就這樣，我決定在東京試著生活看看。啊，天清氣爽，好個早晨——好個中午，昨晚到底喝了多少酒？

這棟大樓面對東京港，放眼望出去，不遠處是大橋、高速公路、新幹線高架軌道，我煮杯咖啡坐到窗前的矮櫃，放上矢澤永吉的CD，大概一整個下午就能這麼發呆下去。

發呆是繼上大號、睡覺、胡思亂想之後，第四項不用花錢的超級享受，但前提是眼前得有不錯的 view，可以讓眼神呆滯、讓思想飄浮、讓時間停頓、讓人生頹廢，於是我在灑進來的溫暖陽光下又睡了個午覺。

住朋友家和住飯店的感覺截然不同，住旅館總想往外跑，住別人家則可以東摸摸西弄弄，其中最吸引人的當然是廚房，午覺睡飽之後，我是不是該振作點地去附近超市買點菜回來自己弄晚飯？這樣我可以逛日本超市，順便輕鬆地散散步再下廚搞個下酒菜？「居遊」固然好，能「居吃」豈不更圓滿？

二話不說出門買菜去。住處離一家西式大超商不遠，我逛著似乎覺得路上的拉麵店、中華料理、義大利麵館都不錯，何不吃完再回去？不行，這樣太不長進，非去日本超市逛逛不可。

從朋友家往窗外望，這個夜晚很詭異，世界變成了藍色的。

我的早飯，很樸實也很耐吃的樣子吧。老實說，我在吃方面不刻意大魚大肉，但沒魚沒肉也不行。

買了不少東西。和台灣相比，日本超市有幾項特點：起司的種類多，酒的品牌多，壽司的花樣多，歐洲的火腿香腸多，價格也貴多多。我花了兩個小時在裡面尋寶，結果買了兩包泡麵、兩個罐頭、四種漬菜、一盒生魚片、兩樣甜點，和一個大肉包。

大肉包在路上邊走邊吃，以免血糖過低，倒在路上當流浪漢。回到家先煮泡麵，這泡麵換算成台幣要一百多元，是真空包的拉麵而非乾燥後的生力麵，所以保有新鮮拉麵的韌性，吃起來Q。從朋友家的冰箱內翻出溫泉蛋，再切點青菜撒在麵上，晚餐便是半自助式拉麵，配生魚片，開瓶冰鎮的日本白酒，這樣是不是很宅？

第二天早餐也日式，再把朋友留下的米煮了鍋稀飯，有漬菜，有鯖魚罐頭，還有酒——不能大清早喝酒，改成咖啡吧。

居遊有個好處，比較沒有時間的壓力，在住處周圍走走，能看到東京某角落活生生的一面。

我四十歲之前是工作狂，每天上午十點半進公司，幾乎都忙到半夜。按照老婆的說法，家對我而言就是張床，她是床上的棉被乙。有天我忽然頓悟，為什麼開車忙著按喇叭？為什麼見到紅燈便罵？為什麼看不慣別人開車的速度？為什麼每兩、三個月總要爆次胎？

之後我開始在不必熬夜的日子裡坐捷運和公車上班，一下子多出很多看書的時間，心情也不再焦慮。從內湖坐公車到昆陽站，換板南線到龍山寺，大約五十分鐘，每三天在車上能看完一本書，也停止再吃便當，因為捷運和公車沿線有許多小館子，甚至有陣子每週五下班後非得在昆陽站吃完昆陽牛肉麵才滿足地回家。

改成騎自行車後，生活又有了改變，明明是同一條路線，卻有不同的風情，騎車經過總統官邸前看到當年冠蓋雲集如今破敗的自由之家，到了仁愛路上發現雖然多了豪宅，街道上卻也冷清多了。騎著騎著，中途可以到忠孝東路的東區粉圓休息十分鐘，要是肚子餓，還可以先繞到永康街再吃牛肉麵。

原來放慢速度，才能見到風景、看到人生。

在東京的那段日子，我把速度放得很慢，吃完早飯離開住處坐上地鐵往不同的方向閒逛，像是三鷹。

——三鷹的吉卜力美術館——

坐JR中央線到三鷹駅南口，換乘可愛的巴士可以直達。吉卜力美術館展出的是宮崎駿的作品，房子的造型特殊，裡面更熱鬧，還放一部他早期的卡通短片，整個館內洋溢著孩子的笑聲，尤其看到龍貓公車時，每個小女生都迫不及待地想擠進去玩。

美術館周圍是公園，樹高林深，保持得仍帶點原始的味道，在裡面散散步、吃吃便當，曬一下太陽以吸收維他命D。

＊留意：門票得預約，找Lawson便利超商就可以，另外搭專屬巴士，大人來回三百日圓。

三鷹吉卜力美術館：因為館內不能拍照，只好拍下這個角度，依然綠意一片。

路邊的小食堂，夠酷的，雖看起來沒什麼，可是吃起來，不但貨真，也價廉。

Yuki 食堂的竹筴魚套餐，瞧瞧這盤竹筴生魚片，有沒有吃回本錢的感覺？

看看 Yuki 食堂的這碗炸豬排飯，只能用溢出飯碗來形容。日本人愛吃飯，不過這樣子吃法也挺恐怖。

我吃飽了，也散步消化了點，便坐下享受一色海岸，順便想法子把頭髮曬黑。

——葉山意外與 Yuki 食堂——

我以前就想去湘南海岸，看旅遊書上介紹一個叫逗子的地方，似乎就在湘南，於是有天想去海岸曬曬屁股，不過我沒搞清方向，悶著頭便出發，坐上橫須賀線竟然又打起盹，渾渾噩噩到了逗子便下車，卻不知有逗子駅、東逗子駅，還有新逗子駅，我下車的是哪個逗子駅？更奇妙的是我還找到公車毫不猶豫坐進去，接下來就到了個不知名的漁港，還找到一個大社區，裡面有很多人打網球，其中一人朝我指方向，我又找到了遊艇碼頭，原來我到了逗子市南邊的葉山町。

事情麻煩了，我有網球肘（打電腦的後遺症）卻沒有遊艇。再回到巴士站吧，想說先回逗子駅找找看有沒有車去鎌倉，不料此時路邊一家餐廳吸引我的注意，何不先吃完午飯再說。

這家 Yuki 食堂很鄉土，賣的都是套餐，我見到一個帥哥吃炸海鮮飯，海鮮堆得像山一樣高，怎麼能不也去試試。

隔壁桌點的是炸豬排飯，前面點的是鰹魚套餐，都是超出想像的豐富。我愛吃竹筴魚，相信也不差，不過擔心吃不下浪費糧食，特別交代飯只要半碗。我有遠見，切成生魚片的竹筴魚大約有十五塊（不是片），配上漬菜、味噌湯，外加一顆溫泉蛋，要是再來一大碗公白飯，可能會吃爆。

我學日本人吃法，先吃魚，再將蛋加在飯上，灑點醬油和蔥花，顯然在東京吃泡麵終究是項大錯誤。

對了，Yuki 食堂的名字是用假名寫的，若是換成漢字，有幾個可能：

「有機」，嗯，看起來小店還挺講究健康的。

「有期」，指的是有期限，難道說得趕緊去吃，否則就沒得吃？

「誘起」，哈，誘使我犯罪，才上午十一點就吃中飯。
「勇氣」，這個最好，吃下那一大碗飯和嚇死人的炸豬排或竹筴魚，確實需要勇氣，和，肚皮。
我常安慰自己，走錯路、搞錯方向，不必沮喪，上帝關起一扇門的同時，也會打開一扇窗的。
在葉山的「窗」，就是勇氣，Yuki。

吃飽飯，巴士也來了，跳上去再說，於是我搖搖晃晃來到一處美不勝收卻壓根搞不清是什麼地方的「一色海岸」。地如其名，整條海岸正忙著準備迎接即將到來的夏天，而且神奈川縣立近代美術館與日本天皇的御用邸也在海邊。天皇一共有三處御用邸，指的是別墅或行宮，大正天皇就病逝在葉山。

——湘南海岸喝咖啡——

沒去成湘南海岸，我不甘心，第二天發奮圖強，先看好地圖，搞清鐵路的路線，再出發。

湘南是日本年輕人衝浪的聖地之一，海岸平整且浪大，我不衝浪，可是想去喝杯咖啡，享受一下陽光、藍天、碧海的午後。

照樣坐橫須賀線，在鎌倉駅下車，這次沒搞錯，因為還有個北鎌倉駅。在鎌倉站換乘江之島線的觀光火車，第五站的稻村崎開始，鐵道就沿著海岸行駛，

上了江島，得爬上好一段石階上江島神社，以除災解厄，不過我看，來的多是年輕男女，祈求姻緣。

我趕緊下車，這裡也是徒步的好地方，一邊是各式小店，一邊是大海，中間隔著汽車塞成鯖魚罐頭的國道一三四號線（去回各一的兩線道）。我走著，順便寫下對這個稱為七里之濱海岸的俳句：

藍天、碎浪、F cup，吃冰淇淋的人在岸旁。

找間咖啡館坐在露台，一瓶義大利啤酒、一個三明治陪我享受眼前的相模灣。有時候什麼也不做、什麼也不想，會有飄浮的感覺……

順著海邊往西，江之島是七里之濱的終點。上了島就得爬山，以便到江島神社去祈福。

江之電的電車，由鎌倉到江島。

海邊 Amalfi Dolce 的三明治與啤酒，這家的甜點很出名，門口始終被一群女人圍繞。

葉山天皇御用邸旁的小巷，直通海邊。

居吃清里

——清泉寮培根與小作餺飩——

住朋友家這種事居然能上癮，絕對是當初想不到的事，所以我到處和日本朋友說，歡迎交換住宅，不過大家都拿我當瘋子，就在失望之餘，聽說 Yasu 家有棟房子在鄉下，目前空著，馬上想盡辦法說服他讓我去住上一住。

Yasu 露出困惑的表情：「你真要去？那裡什麼也沒有喔，而且一天只有五班巴士。」

管他，去了再說。

就這樣我到了以前打破腦袋也不可能想要去的地方，叫做山梨縣。A—do，山梨是什麼東東？山上長很多梨？先查查資料，赫，這裡居然是日本戰國時代梟雄武田信玄的根據地，古名甲州。那更非去不可了。

因為地方很不好找，Yasu 夠意思開車送我去，下了高速公路後愈來愈不對，怎麼全是田，車子開在和田埂也差不多寬的小路上，而且七彎八扭，最後轉進一條泥土路才停下。我眼前是兩棟造型很奇怪的白色房子，這時他一擺手：「我們到了。」

（上）清里的「居所」，我和趙薇住在後面那棟，前面這棟因為久未整理，已經有點要傾倒的模樣。

到底這是什麼地方？根據 Yasu 的說法，我們離著名的花園小鎮清里不遠，走路兩小時，搭巴士約半小時。距離最近的拉麵店，騎車半小時，走路一個半小時。距離最近的鄰居，走路十五分鐘，只通日文。不用嚇我，凡事有失必有得。我先觀察環境，這個「家」分成三部分，門口有個像蘑菇的房子，然後是棟簡易屋，最後面是間像廁所，三個人塞進去都得站著的儲藏室。很好，也就是說三房兩廳，只不過三房不連在一起罷了。

以前一個藝術家到山梨來買下這塊地做工作坊，蘑菇屋就是他工作的地方，再將一棟預建屋架在地基上，成了居住空間，最後面那間則用來放雜物。太棒了，我可以擁有整個小山坳。Yasu 說是在網路上買的，很便宜，不過如今想賣也不容易。

上 e-bay 買房子？

事實並非如我想像的，Yasu 擔心我和趙薇餓死，先開車帶我們去吃拉麵，那晚恰好是世界盃的準決賽，日本隊輸了，我則又吃到爆，以免半夜餓了要走兩小時才有便利店。

山梨的夜晚從下午五點半開始，等我們回到住處，周圍已一片漆黑，後面的小河有青蛙聲，前面的草地有不知什麼生物發出的「喔，喔——」聲，房子裡面有「抽菸不准進來」的女人聲。沒有電視，手機不通，不能上網，看書則光線不夠，想出去散步

清里駅前的蒸汽火車頭。車站附近有許多西式咖啡館，不過最棒的是在車站對面馬路約四分鐘路程的 Bled'or 麵包坊，我買了一條，兩天後仍是麥香味

萌木之村的房子。

更可能摔進大水溝。躺在閣樓上睡覺時我一直想，到底跑到日本鄉下來幹嘛？

一宿無話。第二天大清早世界照例又改變了，走出家前的小路轉上柏油路，大約五分鐘就有一間開放的農舍，裡面擺了各式蔬菜，原來這是自助式八百屋。附近農家將種的蔬果放在這裡賣，一包一百日圓——一百日圓？我幾乎要吐舌頭。而且沒有店員，只有一個伸出一截塑膠管的木箱，把錢投進管內即可。原來是「良心收銀機」。

山梨是農牧縣，農田之外，我們住處不遠的清泉寮更是有名的牧場，出產的牛奶濃郁可口，還有培根、香腸、牛肉、起司。

能瞎拚，趙薇都興奮，那天早飯我們吃了培根香腸煎蛋，甜點是戚風蛋糕。她也計畫好晚飯，有各式青菜，烤的節瓜、馬鈴薯、菇類，生的小番茄、一大塊牛排，配清泉寮自產的紅酒。

哈，哈，跑到鄉下來，哈，什麼東西都新鮮，除了我，哈哈。

在清里吃到最特別是家叫小作的館子，門前大布簾上寫著：熟瓜餺飩。完全看不懂，仔細打聽，才明白熟瓜指的是南瓜，餺飩按照中文字典的解釋是「湯餅」，意思是手搓出來的麵糰煮進湯裡。我愛吃麵疙瘩、愛吃義大利的Gnocchi，當然不會放過餺飩。

自助八百屋裡的農婦，她剛好送菜來，也都是一包包，或綁在一起成一束束的，一律一百日圓。

良心收銀機，把錢塞進塑膠口即可。我在奈良南邊的飛鳥也見到賣蜜柑的，更良心，把錢放進盆子內就好，不怕被順手摸錢。

好貨上桌，南瓜做底的餺飩湯，勺子上的就是餺飩，看起來像餛飩，但沒有餡，有嚼麵疙瘩的滋味。

清里的名店與名物，小作的熟瓜餺飩。根據我的經驗，日本人敢把產品用一堆深奧的漢字表現出來，一定是傳統的好貨

我們的早餐，全是當地的新鮮貨，尤其蛋黃濃得黏住嘴唇，而培根香嫩。

距小作不遠處，萌木之村內的房子，它們都很典雅，也盡量隱身於樹林間，很低調。

小諸城的入口處，上面掛著懷古園的匾。

三代小學，這棟是最裡面的明治時代教室。

野邊山駅旁邊有鐵道神社，標明此地的海拔是一三七五公尺。

小海線上的野邊山駅，是 JR 海拔最高的車站，就在清里的下一站。

以前武田信玄的部隊以「風林火山」為信條，講求行動時要迅如脫兔，因此用手捏麵糰，扔進鍋裡煮，既飽又暖，餺飥乃成為甲州最具代表性的美食。

小作的餺飥不僅好吃，咬進嘴裡有股莫名的豐富感，而且整碗都是當季的青菜，以南瓜為主，一口一口，不知不覺吃出一身大汗。

才從傳統的小作出來，不遠處是完全西式的萌木之村，這個小山丘上，蓋滿不同形狀的歐風小屋，賣的也都是手工藝品。最初這裡只是一片森林，二次大戰後，一個美國醫生和當地人一起建造出這塊社區，一切講求環保，逐漸也運用當地材料做成日用品與禮品，因為居民都有共識，大家愛惜這片家園，盡量把房子與自然結合，如今成了世外桃源。比起輕井澤要迷你許多，卻也更加親切。

從清里駅有巴士去清泉寮，那又是位美國傳教士領頭開發出來的牧場，位於深山中，最特別的景觀是晴天時能清楚的看見有名的「八岳」，假日時只見到處是愛爬山健行的旅客。

另外，山腳下還有個「歐伊西學校」，也稱「三代學校」，這是間小學，同時保存明治、大正、昭和三個時期的校舍，由於建築各異，可以體會不同時期建築帶給孩子的上學樂趣。

至於為什麼叫「歐伊西學校」就更有趣了，戰後日本很窮，即使經過一段歲月的復原，到了鄉下，生活條件仍舊不好，這時日本政府推行營養午餐，學生能在學校吃午飯，對居民而言簡直匪夷所思，小朋友也覺得好好吃，就這樣，這個學校便被當地人稱為「歐伊西學校」了。

——小海線卻沒有海——

離開清里，原可以坐火車回東京，不過我看到書上說下一站的野邊山駅是ＪＲ位置最高的車站，何不去看看。就這樣跳上小海線的火車後，我和趙薇鑽進了野邊山高原。這條鐵路沿著古老的佐久甲州街道修築，周圍是農家、樹林，但沒有海，不過有一站叫「小海町」，害我上車之後納悶許久，這山裡哪來的海呀？

車子在深山裡，由山梨縣進入長野縣，終點是小諸城，可以換長野線去輕井澤吃中飯。

小諸城據說是由武田信玄的軍師山本勘助建於十五世紀末，目前仍保持得很好，秋天時，城內懷古園的楓葉也是當地一景。明治時代的詩人與小說家島崎藤村曾在這裡的小諸義塾授課，留有他的紀念館，和一塊刻著他的名作《千曲川旅情歌》的石頭。

走在這座小小石頭城的窄道中，心情如同溪流裡被石頭攔住的浮木，冰涼的溪水不停打在頭上，身子也被水流輕輕帶著要繼續往下飄，可是實際上我停在那裡，陽光偶爾透過葉片間的空隙灑下來，溫暖——對了，小諸城還被稱為「醉月城」，多雅，多美，多有酒意呀。

男人走老街，女人逛大街

趙薇・熟女的東京歐風散步

無數階梯高高低低的神樂坂，
田園調布的迷人歐風空間，
世田谷線電車的生活式旅行……
學著日本節目「途中下車」，
我也搭電車一站一站下車亂逛，
開發了截然不同的東京都內旅行樂趣。

張國立・熟男遊下町懷舊考查

旅行途中，男人一定要有自己的行程，
否則有時會喘不過氣。
去哪裡呢？有個日本朋友說：
「百貨公司是女人逛的，男人該去下町。」
所以，我決定往老街裡鑽——
更正，趙薇說：不是老街，是下町。

熟女的東京歐風散步

趙薇

去東京旅遊的人分幾種：跟團的跑不掉淺草、上野、新宿。瞎拚的則集中在新宿、涉谷、代官山，至於所謂的下町如谷中、根津、千駄木等區，若非對老區有意，否則一般旅人多半沒有概念。我也像大部分的遊客，旅遊之餘隨意在這個大城市裡散步，意外發現了大東京都內有一些社區具有獨特的「異國風情」，和所謂的下町對照起來又是另一種驚豔。我學著日本節目「途中下車」搭著電車一站一站下車亂逛，開發了新的東京都內旅行樂趣。

近幾年，日本建築師偏好「丘」，六本木之丘（六本木Hills）建成之後隨即成為著名觀光景點，連帶還出現「六本木丘族」，指的是住在六本木丘豪華住宅裡或是總部設在六本木丘森大樓裡的企業老闆等一群有錢人。使得丘成為了東京高級地區的代名詞，接下來的表參道之丘（表參道Hills）當然也更加深了丘的奢華炫麗色彩，讓「丘」成了東京這個城市的新地標。

相較於丘，我似乎更喜歡可以說是小丘的「坂」。有些城市建造過程因為地形關係出現了高高低低的道路，而在社區中為了方便行人就建成階梯式，可愛的「坂」就出現了。曾經去過京都迷失在二年坂與三年坂的商店街中，差點錯過清水寺的寧靜。而在北海道的函館，八播坂通往景丘餐廳，二十間坂去到最有名的俄羅斯餐廳……張國立吐槽：「妳的坂就是吃的代名詞？」那可不是！其實我更喜歡從大三坂上尋找教堂群的蹤跡。

其實，不只京都、函館，還有神戶、東京都是很多坂聚集的城市，據說單是東京港區以坂命名的街道就多達八十條。我愛「坂」，最近的新歡是「神樂坂」。

神樂坂

神樂坂位於新宿區，山手線飯田橋站和地鐵牛込神樂坂站之間的地區。因為沒有一般旅人常逛的古蹟，也沒有大型百貨公司，因此就算地址在新宿，住在這區的遊客有許多人根本沒聽過神樂坂的名號。但這個情形在二〇〇七年的一齣日劇「拜啟，父上樣」播出後改觀了，不只日本人，也有很多台灣人特別跑來這裡朝聖。這齣劇在台灣翻譯成「料亭小師傅」，是著名劇作家倉本聰的作品，內容描寫發生在神樂坂一家老舖料亭裡，一個小師傅尋找生父的過程，穿插了老料亭因為時代的進步究竟要更新還是保留江戶風情的掙扎。由於主要場景就在神樂坂，包括這個社區的精神支柱——毘沙門天善國寺神社、居民生活中心的商店街、當然還有藏在巷弄中幾近歇業的老料亭的背景故事，也再度吸引了人們的注意。日劇播出後，沒想到重新帶動了這一區的觀光事業。

到神樂坂的路線很多，比較順的方式是搭山手線在飯田橋站下車，出車站右轉就是神樂坂通。既然稱「坂」，就是因為地勢起伏，神樂坂通從「坂下」往「坂上」是微微起伏的坡道，街道兩旁掛著神樂坂的精神旗幟，還有特別設計復古風味的地標說明。這條主要通道上有很多特色商店；剛走進神樂坂通就看到「不二家」大大的紅色招牌，她們家的 Peko 燒（像鯛魚燒的可愛人形燒）一賣四十年，人氣至今不墜。不二家旁邊則是一家老店甘味處「紀の善」，可是因為散步才剛開始，還不至於想坐下來吃甜死人的和果子，倒是買一個 Peko 燒邊吃邊逛最好。

ペコ（PEKO）人形燒：有超過二十種口味，除了傳統紅豆和奶油餡，還會依季節性推出白桃、芒果和草莓口味。ペコ可愛的模樣，教人捨不得咬下去。

同樣在東京，和風與歐風的對照

一九四五年創業的和可菜旅館，日劇「料亭小師父」裡的料亭就是借用這家旅館的外牆拍攝。雖然只有五個房間，但有許多知名作家住過這裡寫作，其中「男人真命苦」的導演山田洋次據説就是在這裡完成電影「武士的一分」的劇本。而「拜啟，父上樣」的編劇倉本聰先生也在這裡住了很久，就是為了要體會在神樂坂小徑裡上上下下、左左右右，時而迷路繞圈子的捉迷藏心情。

「料亭小師傅」的主要場景之一：毘沙門天善國寺神社。

（上）田園調布是著名高級住宅區，車站西口成放射狀街道兩旁都是這樣的別墅區，與東口的商店街熱鬧市集強烈對比。（下）田園調布車站目前有東橫和目黑兩條路線經過，站前噴水池和一旁的銀杏街道互相輝映，成為東京都內著名的歐風車站。

神樂坂（kagurazaka）名字的由來是因為江戶時代這裡有很多的寺院，終日神社奏樂不停而得名。在經歷了百年的興衰起伏後，仍保留許多傳統老商店。一位懂門道的朋友進了一家和服屋，目標不是那些動輒幾十萬圓的傳統服飾，而是這家店有提供和服布料的碎布塊，想要的客人可以自由拿取。這位朋友正著迷小飾品，一把抓了一堆，回去縫製成別針或是小花飾，妝點在服飾上，可以想像成品絕對與眾不同。我趁著朋友挑布的時間買了一把好看又便宜的扇子，又選了好幾條不同花樣的敷巾（日本人拿來包便當或是去澡堂時包衣物用的），最近還流行做成手提袋，以往年輕人認為這是歐巴桑用的東西，但是在提倡環保的當今又掀起一股復古流行風。那位朋友也沒讓我得意太久，她在隔壁的店裡買了一雙木屐，即使不搭配浴衣去賞花火，在台北穿來絕對獨樹一格。

在神樂坂很容易變得「和風」，更別說印有和風圖案的手帕、毛巾甚至雨傘等等……

對了，有了便當包沒有便當怎麼行？心裡才掛記著，就在坂下和坂上交叉的紅綠燈口看到一家「山下漆器店」。這家有六十年歷史的老店，從日本各地進了精選的漆器，因為店面很小，全部疊在一起，看不出是東京聞名的漆器老店。我選了一個小巧可愛的便當盒，店裡同時還有很多木製的餐具，甚至還有木片書籤，有趣的是他還賣日本人用的紅包袋和明信片，上面印了各式各樣神樂坂圖案，有一系列都是以一隻黑貓做為主角，活靈活現的黑貓出現在傳統圖案裡，我想愛貓人士絕對不會放過這些可愛的小手信。印象中，另個下町「谷中」也提到過貓是那個地區的特色，看來每個下町都跟貓連結著密切的關係。

從坂下往上走，沿路經過除了百年老店之外，最可愛的莫過於傳統肉店和蔬菜屋。經過路邊燒烤攤買了兩串烤雞肉串，再看到肉店自製的可樂餅也跟著人群排隊，難得可以吃到北海道男爵馬鈴薯，錯過太可惜。商店街上竟然播放著日劇「料亭小師父」的原聲帶音樂，這是著名音樂家島健和森山良子特別為這齣日劇量身訂做的，輕快的音樂讓這趟散步更充滿了劇情氣氛。

一邊回想著日劇裡那個莽撞的學徒蹲在善國寺前吃著包子，一抬頭竟然就看到「五十番」斗大的招牌，原本不知道這家中華料理店的肉包有名，因為移情作用，我也被那白白胖胖熱呼呼的肉包給吸引了過去。天啊！一個要賣日幣三百七十五圓，合台幣是一百多，只聽見張國立大喊：「搶錢啊！」不過說真的，日本賣的中華肉包很少有不好吃的，只可惜肚子實在不爭氣，肉包留待下次。

神樂坂商店街全長四百公尺，有上百家商店，如果不停留太久，不用一個小時就可以走完。但是到神樂坂來不只是逛商店街，最重要的是鑽進兩旁的巷子裡，日文俗稱「路地裡」的小徑，迂迴的小巷裡全是有特色的商店。儘管小到不能再小，但每一條巷子也都有名字；像是輕子坂、袖摺坂和三念坂等等，每個坂都因為有其背景故事而得名。這點倒是和中國社會的體驗相同，像是澳門的賊仔巷，上海的打鐵巷……石坂路鋪成的巷子裡，隨著地形而建的房屋是由高高低低的階梯相連接。這是神樂坂路地裡最有趣的部分，有許多百年料亭就藏身在這些階梯上下，低調地用竹籬笆裝飾著，有的則是還點著小燈籠以凸顯風味，據說運氣好的話還能看見藝妓！

戰前是神樂坂的鼎盛時期，小巷子裡出現許多料亭夜夜笙歌變成著名花柳區，濃厚脂粉味流傳百年至今還有不少殘存下來。受到日劇的影響，我上網蒐集神樂坂的種種故事；有個傳說神樂坂通目前上下午單向通車的規定，可能是當初時任日本總理大臣田中角榮為了自己上下班方便所下的指令。而當年田中角榮除了叱咤政壇，曾和一位神樂坂藝妓生下一女二子的緋聞，也和日劇裡老議員與料亭老闆娘之間一段情的劇情非常相似。日劇裡還提到現今神樂坂面對都市更新，百年老店必須拆除的殘酷現實，因為稍微了解了神樂坂的背景之後再走這一趟，更加深了散步的趣味。

其實，老神樂坂散發濃厚江戶氛圍，但新神樂坂則有「東京小法國」之稱。這裡有一個法國學校，因為很多外籍老師的關係，街道上可以看到很多騎著腳踏車買菜或接小孩的法國人，小巷子裡還掛著巴黎風味的路標。有著這樣的背景，巷子裡也開起了各式各樣法國餐廳，不僅有普羅旺斯南法風情為主的，還有專賣里昂菜色的、以勃艮地紅酒為主的館子，每一家都掛著法文招牌，還有一家得到過米其林一顆星的餐廳也開在神樂坂這樣的舊社區裡。不只如此，聽說還有一棟屋齡五十年的老房子是以和風布置的法國餐廳，而且號稱可以用筷子吃法國料理，更讓人想特別去一探究竟。

第一次到神樂坂時還沒感受這裡的法國風，卻在善國寺對面巷子裡和東京朋友吃到美味的可麗餅，那可不是涉谷流行的三角形可麗餅，而是道地四角形的蕎麥可麗餅，這家餐廳特別從布列塔尼請來專業師傅，重現蕎麥可麗餅的美味，比我在巴黎蒙帕那斯「可麗餅一條街」上吃到的還要好吃。這家可麗餅餐廳從巴黎紅到東京，他在表參道也有分店。也因為太紅了，這一兩年分別在銀座、新宿和赤坂，甚至橫濱、名古屋，開了另一家咖啡館BREIZH CAFÉ CREPERIE，以輕簡的咖啡館形態推出更多創新口味的可麗餅。

面對著護城河的「運河咖啡」景觀絕佳，還不時看見紅色黃色的山手線列車來來去去，是東京難得的悠閒空間。

神樂坂名店 Le-Bretagne 店長當日推薦的義式風味蕎麥餅，才端上桌就聞到羅勒、橄欖油和火腿的香氣，讓我想起了義大利。

後來有一次帶張國立去逛神樂坂，以為可以讓他感受一下東京的歐風浪漫，偏偏他反骨非要吃「黑武士」，於是和他的神樂坂晚餐是拉麵加煎餃。這也是兩個人旅行殘酷的一面，讓我想起一個朋友在東京旅行中強力推薦男友吃蛋包飯，男友卻因為想吃義大利麵而整天沒有好臉色，朋友幾乎是哭著回台灣的。和張國立的神樂坂散步結局是下町風味勝出，而我最鍾意的法國風情夢則是第三次到神樂坂，扎扎實實地吃了一頓法國菜才得到了滿足。

在神樂坂散步有好幾種方法，隨人方便、高興，但是幾乎沒有不迷路的。但是，在神樂坂小巷子迷路是一種幸福，照著地圖走反而失去樂趣。不同的逛法會有不同的感受，我比較偏愛先逛大街再鑽小巷，因為我屬於愛吃型，特色店都在大街上，該吃該喝的先完成了，把剩下的時間留給小巷弄中拍照和迷路，才不會逛完小巷回到大街上一再地重複路線而錯過了美食。張國立「又」說了：「妳的『坂』就是吃的代名詞？」這點我不否認！而且還有一點堅持：逛神樂坂最好從白天開始逛到晚上，一定要看看亮燈之後的路地裡，截然不同的風情。

美味的和風甜點。

神樂坂「茶寮」的人氣商品是抹茶牛奶布丁聖代，和風紅豆餡白玉剉冰，和一般傳統甘味比起來較不甜，就算吃多也不膩。咖啡還是有機的，拿鐵風味絕佳，另外還有台灣鹿谷的烏龍茶。

喜歡去東京瞎拚的人一定知道代官山，這裡是精品店和高級住宅區的代名詞。就算不來購物，代官山也因為當年「周侯戀」被拍到照片而戀情曝光名噪一時。而張國立沒去過，原因是我絕對不會帶他到這種地方；首先女人逛街不需要男人，好姐妹才能嘰嘰喳喳出主意。而喝咖啡也要女伴，一邊欣賞美麗的甜點一邊卡哇伊地喊著，也不會有人說要打破我的頭！重要的是代官山也是看東京帥哥的名地之一，有個灰白頭髮的老帥哥跟在一旁，怎麼也無法讓人不往歪處想。

另外還有一個「自由之丘」也是不需要張國立一起去的地方。這是一個充滿異國風味的小區，這裡以生活雜貨的店聞名，早期我就在這裡買過抱枕套、時鐘和碗盤等日常用品。一個朋友還買過做韓國泡菜用的缸，透明玻璃製的，小巧精緻，我看了也想要一個！而「甘黨一族」絕對不會錯過的還有著名的甜點店——Mont St. Clair，是很多美食評論家加持過的店，到自由之丘的人沒有不想去的。

連接代官山和自由之丘這一帶的是東急東橫線。這條電車路線由涉谷出發一直到橫濱，沿線的目黑、世田谷到神奈川的橫濱附近是東京高級住宅區集中地。曾經在綜藝節目裡看到女丑藝人青田典子一心想要嫁個有錢人住在橫濱，不然至少也要開輛掛著橫濱車牌的車也好。不過當青田透露說她連東急東橫線都沒搭過時被眾藝人笑翻，據說日本有很多知名藝人都住在這條線上。對了，後來得知，青田典子竟然在二〇一〇年七月和我的偶像玉置浩二結婚了，成為了玉置第四任太太，青田典子沒有完成住橫濱的夢想，卻更高一級地住在玉置浩二輕井澤的住宅裡。

回到主題，東急東橫線上有一個站叫「田園調布」，不只是藝人，還住了很多文人。

田園調布

田園調布，有一位日本朋友聽到這個名字時眼睛發亮，然後發出羨慕的聲音說：「是有錢人住的地方呢！」我聽說過在東京說起有錢人，除了新興起的六本木摩天高樓，若要說環境好的高級住宅區，就數目黑、高輪和白金台了。其中因為住在白金的都是有錢人，太太們平日不是逛街就是品嘗美食，還被媒體們暱稱為「シロガネーゼ」，也就是白金的貴婦的意思。

一直很想去白金台親眼見證一下貴婦的真面目，但一直找不到機會，剛好有一次要去自由之丘，發現東橫線的下一站就是也有高級住宅區之稱的「田園調布」，心想反正都是高級住宅區，就下車去看看吧！意外發現了一個可愛的豪華小車站。

在田園調布站下車時，還不覺得和一般車站有什麼不同，出了車站才看見一個充滿異國風情的建築立在廣場上，這個在一九二三年建造的車站，紅屋瓦頂歐洲童話風格是主要的象徵。車站西口前有個噴水池，半圓形廣場延伸出的放射狀道路很像法國的街道。兩旁種了高大的銀杏樹，我很喜歡銀杏，因為它四季不同風情。只可惜最高耐熱只到攝氏二十度的這種樹種根本不會在南方的台灣出現。種著銀杏樹的街道春夏綠油油，秋天會轉成一片金黃，景色最美，我聽說另一個高級住宅區白金也種了很多銀杏，特別顯出高貴氣氛。而我去田園調布的時候是一月，沒有金黃的襯托，少了一分奢華，反倒是高大乾枯的樹枝強調著北國風情。在銀杏樹四周散列著的是一棟棟歐風別墅，走著走著還會突然冒出一座教堂，真的讓人有置身歐洲的氣氛。

田園調布如其名，是在大正時期以歐美田園都市為範本而規畫的社區。當時所謂白領階級開始流行在郊外找個環境舒適的住家，地產開發商看準這點，參考了倫敦郊外一個城市為概念設計而成的社區，吸引了像是醫師、大學教授等中高階層人士入住，增添了田園調布的不凡氣質。維基百科上除了歷史背景的解說之外，竟然連住在這個地區的名人都列出了表來，像是東京都知事石原慎太郎和巨人隊終身監督長嶋茂雄，還有像是帝國飯店的社長也是這裡的居民。

我的香港朋友還告訴我：香港娛樂圈也傳說過已故大姐大梅豔芳曾在田園調布置產，買了一戶公寓式住宅，雖然一天也沒住過，卻也讓田園調布這個地名廣為港人所知。光是看到一棟棟的別墅還想像不出這裡的氣質，有了「名人」加持，「田園調布」這個站似乎和只是「有錢人」住的其他高級住宅區更加不同了。

轉回車站周邊，發現一家草莓造型的房子，原來是三麗鷗（專賣Hello Kitty）的店，另外還有裝修很特別的髮型屋，連超市也感覺比其他地方來的高級舒適，一時說不出是怎麼個特別，回到東口時，看到和別的地方一樣的商店街，郵局、銀行……再普通也不過了，我突然地了解了田園調布的特別就在於附近她的歐風設計，整齊的社區，大片的綠樹和公園，獨棟建築家家都有院子，還養著名貴的寵物狗。從車站就可以感覺出和其他社區不同，裡面有雜貨、園藝舖、書店、喫茶店，還有高級法國麵包名店MASION KAYSER，生活所需一應俱全卻不覺得混亂。空間，對

從車站西口出去就可以看見兩旁種滿銀杏的放射街道，枯落的銀杏雖然不如秋天黃澄澄一片吸引人，但是在夕陽餘暉中也別有風味。

就在車站附近的的三麗鷗商店，草莓造型外觀變成特殊地標。

了，就是可以好好呼吸的空間感，終於能理解為什麼這裡會被稱為超高級住宅區了。

世田谷線路面電車

我很愛路面電車，不論是在米蘭還是香港，甚至到了大連，看到路面電車都會高興半天。而特別喜愛北海道的函館也是因為有路面電車叮叮來往，讓一個現代城市充滿懷舊風情。萬萬沒想到在繁榮的東京市區裡竟然也有路面電車，行走於早稲田和三輪之間的荒川線只其中之一，另外在東京西邊的世田谷區，也有一條路面電車，沿途只有十個站，這條電車線更可以來個「途中下車」慢慢亂晃，彷彿真正進入東京人家生活，完全不同於一般旅人的散步方式。

世田谷路面電車是從三軒茶屋站到下高井戶，只有十個車站。在整個大東京都會區除了山手線外其他十三條地鐵線都是地下化之後，這種專用軌道行走於社區中間的路面電車除了提供附近居民交通之用，近幾年更成為了都市人週末散心的好去處。

出乎意料的是，我以為路面電車都是像電影「幸福的三丁目」裡車頂還掛著電線的那種老式電車，可是這條路線早已經全面更新，車輛的顏色都很鮮豔，黃的、橘的、藍色的大概有十種顏色。

沿線經過的社區商家都很有趣，不說的話以為到了鄉下，沒想到這裡不只是東京市內，世田谷這一帶還是東京都內有名的住宅區呢。

據說以前舊型電車沒有售票，上車直接付現給車長，可是我去搭的時候已經改成買票上車，不僅東京都的車票卡（例如西瓜卡）可以直接刷卡進站，為了推廣觀光，還出售一日券，只要三百二十圓日幣就可以無限制上下車，對於想要途中下車好好享受沿線各站特色的人來說是一大福音。

這條路面電車因為全長只有五公里，十個站，時速只有十六公里，單趟也只花十五分鐘。可是才過第一站「西太子堂」後沒多久車子就停了下來，原來是等紅綠燈，這也是這條線的特色，唯一的一個平交道，不同於我們既有的印象反而是電車等行人。這條軌道沿線就是世田谷的住宅區，兩旁的民房陽台上曬著衣物和後院堆著雜物，其中有一站還看到墓地，就夾在住家之間，充滿了舊社區的生活感。我很好奇住在鐵道旁是什麼感覺，雖然電車和火車還是不同，但是每幾分鐘車輛喀啦喀啦經過，是難以忍受的噪音還是會變成習慣呢？

世田谷的十個站都各有特色，我和張國立決定先一趟搭到底，再從底站回頭，喜歡哪一站就下車逛逛。「下高井戶」是這條路面電車的底站，從這裡可以轉乘京王線往新宿或是八王子。這個站還算滿大的，兩邊出口就是很熱鬧的商店街，我說：為什麼好像每一個車站前面一定有商店街？張國立受不了我的好奇心，吐槽說：「這條路線當然是為了附近的居民而存在，又不是給我們這些外國人來觀光用的。」說的也是！於是我們轉進小巷子，馬上就進入了居民生活的空間裡，沿路有各種小商店，也有像電視裡「全民住宅改造王」需要改造的熨斗形房子，一樓還是鮮魚料理店。其實我一直偷偷地在找一家書上介紹的法國甜點店 Noliette，可是張國立這時卻說不想吃法國甜點。什麼嘛！真是故意找碴，在這種地方不吃法國點心？真想把他帶到站前麥當勞去！等平交道的時候，忽然一陣雪花飄過，心想：「下雪了！」才剛感覺到一點浪漫氣息，可是雪花卻沒有繼續，應該只是之前京王線列車駛過時，強風吹落車頂從別處帶來的雪片吧。沒吃甜點沒喝咖啡，冷風吹得我頭痛。

回程經過「宮の坂」站，看到有舊型車廂停在一旁，一度還以為我們搞錯了，應該去搭懷舊列車的說。後來看到有小孩坐在駕駛座上才恍然大悟，啊！是舊型列車展示在月台上。看到小朋友們爬上爬下玩得高興，發現這才是真正的兒童遊樂場。想起有天在台北搭公車往捷運昆陽站，有個小朋友一直叫「火車……火車……」一旁的媽媽急著說：「還沒到……還沒到……」經過向陽路平交道的時候，她還很失望的語氣：「今天沒有火車……」我實在忍不住地告訴她：「這段鐵路已經地下化，平交道上再也看不到火車經過了。」雖然很殘忍地戳破那個小朋友的小小心願，卻也真的希望那個小朋友有機會來「宮の坂」站，親自感受鋪著木頭地板的古早電車風味。張國立又說：「妳想太多了。」

位在世田谷線中間點的上町站，在每年十二月和一月各有一個週末會有跳蚤市場，據說在這兩個週末裡，這裡會擠滿人潮，非常熱鬧。而在十個站裡面，除了第一站「西太子堂」站名很吸引我之外，另外一個就是「松陰神社前」，有神社就有老街市，所以我們決定下車逛逛。果然，比起下高井戶，這條商店街算是小兒科，可是小歸小，卻出乎意料地不像一般傳統日式商店街，街上有幾家洋式的雜貨舖很有特色，更吸引我們的是，一出站就聞到炒咖啡豆的香味，於是匆匆逛完商店街之後，我們決定循著香味找尋那家咖啡店，結果就在車站旁的巷子裡，發現了Petit Café（小咖啡館），店如其名，很小很可愛的店，雖然店裡的桌椅不成套，但是還看得出幾張名家椅子，自成一種特色。菜單上有野菜咖哩飯，可惜已經過了午餐時間，後來女服務生又回頭來說：「老闆說如果要點，他可以再做。」而因為我的咖哩飯，後來進來客人點的三明治和咖啡明顯等了很久，真是拍謝ㄋㄟ！小辣的咖哩除了好吃，也幫我去除了寒意。再喝

「小咖啡館」店裡的客人年輕的從二十多歲，還有歐巴桑、歐吉桑，坐在我們對桌的老太太起碼有七十歲，我羨慕日本的社區咖啡文化已經如此深入生活，如果有一天我開咖啡館也希望能這麼吸引人。

「小咖啡館」可愛的門面，要不是炒咖啡豆的香氣太誘人，我可能會錯過一次美好的邂逅。

下一杯現磨現煮的咖啡後，剛剛被冷風吹的頭痛似乎痊癒了。

世田谷線還有好幾個站像是「松原」、「山下」，從名字來看似乎都有背景故事，只可惜在我身旁的是張國立，帶他逛這種異國風情一點都不浪漫，根本是浪費。下次自己再來個途中下車，好好地給他逛個過癮！

位在西太子堂和若林站之間的電車平交道，特別的是別的平交道都是人車等電車，唯獨這裡需要停下電車來，等其他的人車通過。

世田谷線的起站三軒茶屋站，光是那紅磚和拱門是不是就很復古呢？還有可愛的列車小姐指揮交通，如果是車長小姐的話更有意思了。

{food}

—神樂坂—

〔法式蕎麥可麗餅店 Le-Bretagne〕

特別請了法國師傅駐店製作，標榜純布列塔尼式的蕎麥可麗餅 gallette

神樂坂4—2，(03) 3235-3001

〔神樂坂茶寮〕

日本舊式町屋一軒屋建築，和式復古風情吸引很多年輕女性顧客，除了提供五穀粥和麵類等輕食，和風甜點是主打商品。

神樂坂5—9，(03) 3266-0880

〔紀の善〕

神樂坂1—12，(03) 3269-2960

〔ペコちゃん燒〕

不二家神樂坂ペコ人形燒四十年來人氣不墜，一個一〇五日圓。

神樂坂1—12，(03) 3269-1526

〔Canal Café〕(運河咖啡)

就坐落在飯田橋旁邊，臨著護城河有絕佳的風景和義大利式料理，也有下午茶套餐，還可以辦婚禮等活動。

神樂坂1—9，(03) 3260-8068

〔五十番包子本店〕

昭和三十年創業的中華點心老店，以豬肉包子著名，一個要賣三百六十圓日幣，另外還有賣粽子和燒賣，粽子還是用竹葉包的，非常台式。

神樂坂3—2，(03)3260-0066

——田園調布——

〔L'epi D'or Café〕

田園調布三丁目24—14，(03)3722-0141

〔Rosa Pastry Shop〕

田園調布二丁目48—13，(03)3721-2662

——世田谷線——

〔Petit Café〕

世田谷區世田谷4—20—10，(03)3425-6171

〔甘味處（夢家）〕

世田谷區赤堤4—48—5 2F，(03)3321-5670

〔Noliette 法式點心鋪〕

世田谷區赤堤4—40—7，(03)3321-7784

熟男遊下町懷舊考查

張國立

老街必有老舖，在柴又最多的仍屬燒仙貝的小店，這家是大店，招牌貨是寅桑的仙貝。

上野、谷根千、淺草、柴又、御茶水

最早男人是動物，三十歲以前他們看到女人，直覺反應是，嘿嘿，床（好，好，只有我想到床，我下流）。幸好這世界上有女人，不但收服他們的野性，而且進一步讓他們更柔性，以至於一不小心，他們根本成了溫馴的寵物。

二十多歲時男女進入戀愛期，女孩都善良體貼，對著早上起床既沒洗澡也不梳頭的男孩說，你看你，天氣這麼乾燥也不曉得臉上抹點油，都乾得脫皮了。男孩舔舔他龜裂的嘴唇，心想，油？叫我抹豬油還是花生油？

唉，女孩嘆口氣，她用右手食指的指尖戳男孩的額頭說，用我的好了。

男人接觸保養品幾乎都是從女用的開始，他們搞不清品牌、搞不清用途，總之往女人手中那個小瓶子裡挖了便往臉上抹就是了。

其實男人這股無知的傻勁倒是滿討女人喜歡的，然後女人再買了洗臉乳說，記得，每天洗三次，先在手掌裡搓出泡沫，再像刷鍋底那樣慢慢搓臉，要不然一身臭油味，聞了就噁心。

男人很乖，每天想法子洗三次臉，但據我的觀察，百分之七十的男人充其量只洗一次，他們怕煩。況且，儘管男人心想，一下子說我臉乾要抹油，一下子又說我臉油要洗乾淨，到底我這張臉是乾是油呀，他們照樣抹照樣搓，純粹怕煩（有女人的男人多幸福？嗯，你們說的都是）。

交往之中，兩人的生活圈子交集愈來愈大，當男孩在事業上有了點成績，升了什麼長之類的職位，最興奮的是女人，望子成龍喲——不，以夫為貴喲。第一天上任，成了男人的男孩穿上他的西裝，女人皺起眉說，不對，不能再深藍西裝配白襯衫，你得換個搭配。

這天男人昂首闊步走進辦公室，所有人都飛給他幾個賞識的眼神。他穿的還是深藍色的西裝，不過換了稍微淡點的藍襯衫，而且打了條閃著些許銀光的領帶。之後，女人領著男人到百貨公司挑衣服，當男人偷眼瞧著女性內衣專櫃時，女人已替他選好一切，再領他去見姐妹淘，去見父母，每個人都誇男人帥，這下子男人得意了，某個週六去參加同事的婚禮喜宴，一早他便問女人，今晚我該穿什麼？（你呀，該穿個鼻環，拉條草繩，對女人牟幾聲——當我什麼也沒說。）

從豬油到牛的鼻環，其間兩人的感情成長有相當部分是在餐廳或咖啡館培養出來的。關於吃，男人徹底沒腦神經，當他問女人想吃什麼時，女人都說隨便、你決定。笨男人真的自己決定，完全不反省他們對吃到底懂什麼。就這樣，某次女人對男人提議的餐廳搖頭說，不好。男人再提第二個，女人還搖頭。提第三個，她的頭沒差點搖得頸椎骨折。我說過，男人怕煩，勢必省事地說，那妳決定。女人兩眼一亮，牽起草繩、扯動鼻環，帶男人去吃飯囉。

男人就這樣一步步喪失部分獨立思考的能力，他們早上這麼喊：「我的襪子呢？」晚上又這麼喊：「我的報紙呢？」女人在罵「我是你家傭人」的同時必然變魔術般變出襪子和報紙，同時也請女人務必認命，妳們期待的男人不就如此，否則幹嘛把男人當兒子養——更正，兒子有個性、有叛逆期，有天會搬出去住。男人不同，他們沒個性，清楚叛逆的下場，而且打死他們也不會搬出去住。女人呀，妳們根本把男人當寵物養！

寫那麼多與旅行無關的事情，我想表達的是，如今的旅行呀，男人也逐漸向寵物進化之中。

和趙薇結婚時，她不懂日文，在日本的旅程中，我得充當翻譯，偏偏她的問題特別多，有時我「耳背」，不料因此激發起她學日文的決心。也不就學了こんにちわ或お——おいしい幾個單字，從此她開始計畫行程、買車票、問路、和民宿的老闆娘聊天，還可以幫我點到我要吃的東西。

也因此，我成了旅行中的寵物，負責搖搖尾巴，對她那不是很好卻聽得出很努力的日語發出讚嘆。記得幾年前，有個日本男人說她日文很「じょうず」（上手），她居然問我：

「那位先生說我的日文很餃子，是什麼意思？」

趙薇學日文，和愚公移山、有志者事竟成之類的成語都無關，而是報仇的意願居然能讓「餃子」真成了「上手」。仰慕女人，或起碼別沒事得罪女人。

兩個人旅行，按照理論，工作要合理分配，我們則不必，她嫌我搞出來的行程都以睡飽為出發點，不合乎經濟效益，她寧可一手包辦，這樣我就更寵物了，出發前一個小時把必要的用品朝背包裡一塞，然後伸個懶腰問她：

「走，這次我們去哪裡？」

當寵物也有個問題，隨時可能被冷落或徹底性遭到忽略。我不喜歡都市，尤其東京，雖然表參道不錯，雖然淺草的炸蝦飯不錯，雖然東京火車站地下美食街太迷人，雖然到處都能試吃不至於讓我餓死，可是她要逛街，我實在不想跟；她要和朋友見面，我則想去補覺；她堅持去銀座久兵衛吃貴死的壽司，我呀，品川站內的稻荷壽司就能讓我滿足。

這時兩個人的旅行出現裂痕，幾經協調，最後達成共識的是兩人可以在某些日子裡分開行動（「某些日子」在此的定義為，瞎掰日）。我是寵物，早習慣飯來張口，這下子為了顧全面子，我勢必得重新振作，不能讓女人（尤其老婆）看不起。就這樣，避開百貨公司和趙薇定義的歐風路線，我負責往老街裡鑽——更正，趙薇說，不是老街，是下町。

全世界老街的形成都有一個原理：隨著寺廟教堂形成。在歐洲，教堂是城市的重心，前面有廣場，接著小店圍著廣場開張，如今更必有咖啡館、有點貴的餐廳、很貴很貴的旅館、貴到你絕對別進去的特產店。中國的老城區則也先有廟，南京的夫子廟、上海的城隍廟、北京的關帝廟、台北的龍山寺。日本也逃不開這個原理，有廟才有市集、才有庶民文化、才熱鬧。

上野

（地鐵日比谷線、銀座線、JR山手線）

【寺廟】

德川家康帶著天皇遷都到江戶，在設計這個新城市時，按照風水之說，在京城東北角建大型寺院，有鎮邪祛魔的意思。這就是寬永寺，被稱為德川家的菩提寺，意思為祭祀德川家先祖的寺廟，可見非常受重視。

【公園】

隨著寬永寺，周邊原來也形成市集，不過十七世紀的江戶大火把這些房舍都燒光，到了明治維新，聽從荷蘭籍顧問的建議，將這個地方改建為公園，因此上野是日本第一個公園，並沒有變成夜市或武士住的屋敷。如今公園旁是上野動物園，中央是長滿荷花的不忍池，黃昏之後，周圍散步用的步道旁躺著流浪漢與陪伴他們的野貓。

【文化】

公園的範圍很大，西側是京成線的車站，背後有一大片山丘，國立西洋美術館、上野之森美術館、東京國立博物館、國立科學博物館都集中在這裡，還有野口英世的銅像。我認識野口先生多年，因為他就是千圓日幣鈔票上的那個人，他是二十世紀初研究黃熱病的醫學家，後來不幸死於黃熱病。另一座西鄉隆盛銅像則紀念這位明治維新時代的「三傑」，他與坂本龍馬同一時期，都致力於打倒幕府，將大權回歸到天皇手中。

舊岩崎邸，裡面除了主建物是木造西式洋樓外，還有一大片的草地，旁邊也有日式的老宅和一棟美國牧場常見的木屋。

出了公園往西邊走，是繁鬧東京都內少見的寧靜地區，尤其週六與週日，這裡簡直像睡著了的城市，在尋找舊岩崎邸庭園時，不小心走入校區，有如走入迷宮般。

【舊岩崎邸庭園】

從不忍池西邊出口出去，過了不忍通，再走一段斜坡就看到。它是三菱集團創辦人岩崎一家第二代岩崎久彌所建的別墅，一八九六年由英國建築師康得爾設計建造（他也設計了東京國立博物館與鹿鳴館），是明治時期代表性的木造洋房之一。

【橫山大觀紀念館】

他是明治時期日本畫的大師，成名後便住在公園西邊的一處日式住宅內，他最有名的作品包括「瀟湘八景」、「生生流轉」，都是日本國寶。

【阿美橫丁】

在上野車站與御徒町站之間，很有台灣夜市的味道，不過大多是賣零食、乾燥食材、成衣的小店，當初這裡和台北市的晴光市場一樣，專賣從美軍流出來的物品為主，所以才被稱為「阿美」（America被唸成阿美利卡，再縮成阿美）。

【泡菜橫丁】

穿過上野車站往東，戰後留在日本的韓國人與新來的韓僑在此形成小韓國街，整排的韓式料理燒肉店與賣泡菜的小店，就叫做泡菜橫丁。橫丁的意思就是巷子。

【大統領燒烤】

在阿美橫丁的巷子裡，有家適合男人的小店，很舊很小的店面，隨時都有一群歐吉桑圍坐在裡面喝酒，很有「張桑」的味道。那些歐吉桑按照時間而有所變化，下午時分，大多像是周邊居民，穿得很隨便，有的戴著毛線帽，一副睡眠不足的模樣，有的鬍子沒刮，一副來喝還魂酒以克服宿醉的慵懶德行。到傍晚，則換成穿西裝的上班族，因為牛雜配啤酒，讓我每次到上野都不自覺地猛吸口水。

【蓮玉庵的蕎麥麵】

離御徒町地鐵站不遠的廣小路內，除了一般的沾醬蕎麥麵外，它的熱麵也有趣，上面加了層黃澄澄的蛋，看起來就像是大塊金箔般。

我常去上野，一來有個朋友新買的房子在附近，繞去找他出來請我吃炸蝦飯；二來，不知誰告訴我的，上野適合成熟人散步與思考。

蕎麥麵吃熱的，加個蛋。上野到處都是小吃販，比銀座要實惠也有趣多了。

嗯，我思考，我用力思考，我坐在上野公園內的長椅和位流浪漢當鄰居並蹺起腳在思考——你們知道嘛，日本男人的名堂很多，尤其喜歡強調什麼適合「真正的男人」，上野適合真正的男人，因為它有點年紀？因為有大統領燒烤？因為寬永寺的寧靜？

谷根千

（指谷中、根津與千駄木，尤其是地鐵千代田線的千駄木站與根津站以東，到JR日暮里站以西的這塊地區）

【寺廟】

從千駄木車站出來順著不忍通往南走，沒多久就是根津神社。傳說中它是一千九百年前日本武尊建造的。日本武尊是神話人物，他協助天皇統一日本，其中意味著驅逐原住民，建立新的政權。神話到底沒有證據，根津神社如今的模樣是德川幕府第五代將軍德川綱吉重新整建的。既是神社，供奉的當然是日本神話裡的創國神祇，明治時發布「神佛分離」政策，從此神歸社，佛歸寺。既是大廟，必然發展出門前町的市集，加上離上野不遠，很快繁榮起來。現在這裡的小巷子內經常有驚奇，老店、小街，還有到處亂竄的貓，又是個可以悠閒散步的地方。

【夏目漱石】

因為是老社區，許多明治之後的現代作家在這裡住過，或者以這裡為故事背景，最有名的是夏目漱石，他的故居位於日本醫科大學旁，寫下《吾乃貓也》（《我是貓》），不過那棟老房子已被移往愛知縣犬山市的「明治村」，如今原地址只留下紀念碑。

【森鷗外】

以小說《舞姬》成名的森鷗外也曾住在千馱木車站西側的團子坂，以前稱為觀潮樓，現在是文京區立鷗外紀念本鄉圖書館。森鷗外在一八九五年曾到台灣出任總督府的軍醫官，他在團子坂的舊房子也被搬遷並保存，位於上野京成線往上野公園的出口處，奇妙的是居然安置於一個飯店的中庭裡，飯店全名是水月飯店鷗外莊，門口有塊牌子，走進去見到假山流水的庭園內有間帶著點風霜味的日式老房子，就是了。趙薇曾問我想不想住這家旅館，我不想，因為太貼近你認為值得花時間去尋找的東西，它就喪失價值。

【竹久夢二美術館】

趙薇最喜歡的一個小小的美術館，位於東京大學工業部旁的文京區彌生町，旁邊是彌生美術館。這裡展示大正時期插畫家竹久夢二的三百多幅大小作品。喔，他是男的，不過作品卻很女人味，加上擅長畫美女，更帶著濃濃的娘味——修正，帶著浪漫味。

竹久夢二美術館位於東京大學工學部旁，週六與週日這條街一片安詳，加上有美術館和咖啡館，能安神定性，跟菊花茶的效果相仿。

森鷗外的舊居，就坐落在飯店的一樓中央，周圍是隔著玻璃喝咖啡的人們，不知對他是崇敬或拿他當動物園裡的無尾熊？

淺草（地鐵銀座線、都營淺草線）

【寺廟】

以淺草寺為中心。早在七世紀時，這裡還是漁村，有對兄弟打漁時撈起一尊佛像，就建寺祭拜，逐漸發展成一所很大的寺廟，也是東京市內最老的佛寺，供奉「聖觀音」。到了江戶時期，因為寺前的小店與市集，非常熱鬧。當德川家康在此設立京城時，許多武士、浪人隨之而來，為了讓他們有地方可去，就設立「遊廓」，也就是風化區，東京的庶民文化以這裡為代表。

【雷門】

這幾乎是淺草的象徵，它是淺草市的總山門，原名為「風雷神門」，門右是風神雕像，門左是雷神雕像，但當初為何不稱「風門」呢？門中央醒目的大燈籠很驚人，經過打聽才知道，長四公尺。由雷門往裡走，則是仲見世（一條街），兩側都是小店，最有名的助六玩具店，賣的是些仿江戶時期的懷舊玩具。

【三定炸蝦飯】

就在雷門附近。我有個很不成熟的看法，冬天要吃魚子、海

到下町非得吃這種熱量高、看起來很豐富的東西不可，三定的炸蝦飯就如此。

雷門周圍也有許多小的炸蝦店，這是天婦羅套餐，有飯有麵——別懷疑，我最愛的庶民料理是拉麵套餐，有拉麵、煎餃，外加白飯，俗夠有力。

膽飯，畢竟那是海鮮的季節；秋天吃鰻魚飯，享受燒烤後的鰻魚香味；夏天就得吃炸蝦蓋飯了，澆上醬油，以熱攻熱，暑氣全消——春天呀，吃親子飯，新鮮雞蛋配雞肉，一傢伙吃他雞家族的兩代，精力充沛好去賞櫻。

【龜十紅豆餅】

這家賣日式甜點，大部分以紅豆為內容，銅鑼燒也好吃，不過最棒的仍屬小小的方形紅豆餅，甜而不膩。每次我都打算買回來送朋友，回到住處則忍不住先送自己啦。

柴又

（京成電鐵金町線）

【寺廟】

柴又鄰江戶川，古早是渡船口，有水有船，則必有廟。帝釋天是佛教的護法菩薩，被稱為三十三天之主，據說後來被道教引用，變成玉皇大帝。出了柴又車站過馬路後是參道，兩旁則是小店，盡頭處便是柴又帝釋天題經寺，整個老街便籠罩在廟的「門前町」氣氛之中。

柴又參道盡頭處的帝釋天，凸顯出寺廟加上市集的下町特色，所以一路吃吃喝喝，進了廟參拜一番，對肚內的五穀雜糧、雞鴨牛豬表達謝意與懺悔？

老街裡很容易發現這種做糰子的小店，有烤的，有煮的，像這樣的糰子特別勾引食慾，和台灣的芒果冰有拚。

【寅桑】

出了車站便見到他的銅像，全名是車寅次郎，是四十年前日本松竹電影公司出品的暢銷系列電影「寅次郎的故事」（男わつらいよ）中男主角的名字，由渥美清主演，山田洋次編導，前後共拍了四十八集（一九六九—一九九五），演活了人生一無是處的中年男子。由於故事中寅次郎的家鄉在柴又，所以柴又成為一個虛構人物的故鄉，並拜渥美清之賜，紅到現在。

【寅桑紀念館】

好玩的不僅在於展覽了電影的海報，還將當年日本小鎮小街用模型呈現出來，也放映這部電影。我坐著看了會兒，覺得自己（或每個男人）有點像他，就是那種想做些什麼，又做不到那些什麼；想表達些什麼感情，又總是表達得不對勁。人生便在漂浮中，看似一無成就地度過，實際上與周邊人發生的感情卻是最可貴的。果然，這又是個適合成熟男人來的地方？

【小吃】

參道旁的小店大多賣日式甜點、佃煮、煎餅，現燒的仙貝最好吃，熱騰騰、香酥酥。糰子加上紅豆也不錯，其中印象最深刻的是葛切，一種用葛粉做的糕或條，配上碗抹茶或綠茶，頗有平復剛才被叫吉搶（阿北的意思）的心理創傷功效。

柴又車站口小廣場上的寅次郎銅像，他的穿著就是標準下町風，西裝內配無領內衣，西褲下配「牽拖」。

御茶水

（JR總武線、地鐵丸之內線）

【寺廟】

德川幕府的第二任將軍德川秀忠，為了修建護城河和灌溉溝渠，在這裡大興土木，恰好附近的高林寺冒出泉水，有人用泉水泡茶給秀忠喝，他說，果然好喝，這就是「御茶水」名稱的來源。

不過這裡最有名的廟是湯島聖堂，在聖橋的橋頭，供奉的是孔子，中央大殿就叫大成殿。現在殿中的孔子像號稱「世界一」（世界最大仙），是台北獅子會捐贈的。

聖堂的大成殿供奉我們的孔老夫子，日本的孔廟比關廟要少，可能和《三國演義》有關，大家尊敬顏回、子路，卻愛劉關張趙。

【文化】

御茶水是大學區，像順天堂醫科大學、明治大學、東京醫科齒科大學都集中在這裡。也因此發展出日本最大的書店街、樂器行街，愛吉他的人在這裡可能找到名人用過的二手貨，屬於保存與紀念價值。

【尼古拉教堂】

俄羅斯東正教在日本的主教堂，十九世紀完成，採文藝復興式的設計，藍色圓頂與白色牆壁的建築，在鬧區中被樹木圍繞，顯得很神秘。

【山上飯店】

它的確切地址是神田駿河一之一，不過周圍全是明治大學的校園。它是日本少數二十世紀初流行一時的 Art Deco 建築物（講究幾何圖形的裝置藝術），因為接近當時書店與出版社集中的神田神保町，許多作家都喜歡住在這裡，包括川端康成、三島由紀夫和現在的伊集院靜。上海的衡山賓館（拉皮前）跟山上飯店，像是雙生姐妹。

山上飯店的外觀很儉樸，在平面上加一些些線條罷了。可能位於小山坡上，有分難得的清靜，作家愛住這裡，以便經常可以下山喝酒兼運動？

尼古拉教堂很古錐，其實東正教教堂的文化交融性極強，保留羅馬式的條條柱柱，又加進土耳其的圓頂、門窗上尖形的裝飾，裡面則更金璧輝煌。

【印度菜】

銀座是東西文化混雜的地區，但屬於上流社會。御茶水也很古典現代，卻有較重的下町風情，到處可見西式食堂，其中最動人的莫過於印度菜，我試過幾家，都很棒。在日本，每天吃醬油煮的東西，換換口味，對腸胃和心情，有幫助。

暫時脫離寵物的領域，對男人而言，是好的，何況女人有她們的世界，我常站在銀座街口等瞎拚的老婆，會有空虛和煩躁感，下町是成熟男人透氣的好地方。我的日本朋友佐藤有個理論：

「葡萄酒是女人喝的，男人要喝威士忌。大吟釀是女人喝的，男人要喝正釀造。百貨公司是女人逛的，男人該去下町。」

葡萄酒的部分我不同意，大吟釀或正釀造，我沒意見，倒是關於下町，絕對支持。旅行途中，男人一定要有自己的行程，否則有時會喘不過氣。忽然想到多年前台北實施垃圾不落地行動，每天固定的時間垃圾車停在巷口，大家拿垃圾去倒，於是晚飯過後不久，只見住家附近不少男人拎著垃圾袋在巷口等垃圾車的來臨。他們相互打招呼，哈啦兩句，其中最經典的對白是：

「老吳，今天你倒垃圾啊。」

「老婆正在罵兒子，煩，趕快逃出來。」

「來根菸。」

「……呼，有垃圾倒，真好。」

男人女人都愛的天堂

張國立·

白川合掌屋夢境遊VS.金澤感動的春節

（接下來兩篇都是本人執筆，故斗膽地統一代表發言。）

白川的世界遺產「合掌屋」和金澤的民宿年菜，
對旅人來說都是天堂。
只不過，出去尋找天堂如果帶著老婆或女朋友，
記得，凡事先認錯，
保證傷害會減到最小。
我的意思並不是說不要帶老婆去旅行，
我的意思是你一定要帶老婆去旅行，
然後不停地認錯就對了。

白川合掌屋夢境遊

張國立

飛驒牛肉與女人負責添飯

從頭再玩一次日本，當然得找更精采、更有味道的地方，我們第一個就選中白川鄉，理由有幾個：

一、它是聯合國教科文組織列為世界遺產的地點之一，選擇它，趙薇不會反對。

二、大部分的世界遺產都是不能住的古蹟、不能撒野的國家公園，只有白川鄉的合掌屋，不但我能去，也能住進去，更能在裡面一泊二食地打呼兼大吃大喝。

三、冬天那裡下雪，很美，對於生長在亞熱帶的我而言，雪有致命的吸引力，雖然明知很冷、道路的狀況變數很多，我依然認為有雪的地方最美。

四、白川鄉遠離都市，旅行不就該有些悠閒、懶散、吃飽睡再睡飽吃的感覺嘛，沒人一大早催我起床，也沒人叫我交稿，更沒人突然打電話來說，喂，總統大選你投誰？

五、由台北飛到名古屋只要兩個小時，很近，比飛去東京少半小時。

六、日本講究衛生，治安也好，不會有人來搶我的新台幣。當然也有缺點，用新台幣換成日幣來消費，實在太貴啦——嗯，怎麼有點被搶的感覺？

白川鄉在日本的本州中部，比較靠西邊日本海的岐阜縣，而且在飛驒高地的山區裡面。十二世紀日本政壇流行垂簾聽政，皇帝做了一半便讓位，自己去做上皇，但掌握實權，皇帝則是他的傀儡。那時的崇德上皇和老弟後白河天皇發生衝突，各自找了武士來撐腰，打了場「保元之亂」的戰爭，後白河天皇獲勝，不過他也因此把大權交在武士家族的平清盛手裡。那時平家一門都是英雄好漢，分居朝廷要職，民間戲稱「不姓平的都不是人」。

隨著崇德上皇被鬥垮而一起消失於政治舞台的日本傳統大家族源氏很不服氣，他們臥薪嚐膽地重出江湖，源義仲的大軍在俱利伽羅，一戰擊敗平氏。據說平氏的落敗武士便逃到飛驒山脈，在此落地生根，也從此不再和政治扯上任何的關係。他們大多務農，由於地處山區，在後來的南北朝之爭、戰國時代中，幾乎都置身事外，恍如世外桃花源。

六個多世紀後，明治時代日本的商業無法和歐洲國家競爭，便獎勵農民養蠶取絲製造絹、綢，以期換取外匯，白川鄉也加入了養蠶的行列。當時的養蠶分兩季，有春蠶和夏蠶，可是白川鄉一帶的冬天很長，根本不能養春蠶，於是他們想出一個辦法，建造出造型特殊的合掌屋，角度很大的茅草屋頂類似指尖靠在一起的兩隻手掌，而且房子也高，便能騰出較大的空間來養蠶，也能把一樓住家的熱氣導至二樓以上，使得嚴寒的春天在屋內也能養蠶。

儘管這些平氏武士的後裔很努力，可是他們仍被日本所遺忘，白川鄉直到二次大戰以後才有電力，可見之前幾乎沒有什麼外人來到白川鄉。一九九五年，聯合國把這裡的合掌屋聚落列為世界遺產，殘餘的合掌屋也受到保護，至於原來便住在裡面的居民大部分都沒有遷走，繼續在此過日子，經營民宿和特產商店成了當地人新的謀生方式。

我的旅程從名古屋開始，從這裡搭乘高山線火車的飛驒號（HIDA）列車到飛驒高地的中心高山市，這裡留有江戶時代（十七至十九世紀初）的古老街道，尤其是上三之町，小街兩邊都是木造的古屋，是日本保存最好的古街之一。

由高山換乘濃飛巴士，一路往山區開，雪也愈下愈大，一個小時四十分鐘抵達白川鄉。因為是農曆春節期間去，不是日本的觀光季節，訂房很容易，我訂在離停車場不遠的源作民宿，它是四層的合掌屋，有五間房，都集中在一樓，老闆一家則住在二樓以上。

一進房間就可以看到牆上貼著「源作住宿須知」，上面寫著：

一、合掌屋怕火，絕對不能窩在棉被裡抽菸。

二、這個地區嚴禁放火花（炮竹）。

三、離家、睡前都要關掉燃油爐。

四、有關二食：夕食六點半至八點，朝食七點半。

五、洗澡在二十一時以前。

六、二十二時關燈就寢，之後請勿至其他房間。

七、退房時間為上午九點。

看完之後我差點以為又回到成功嶺去當兵，尤其對第六條很有意見，不過這個意見沒維持多久，因為入夜後整個白川鄉都進入當機狀態，不睡覺也沒事可幹。

（上）大部分的合掌屋都有四層樓，而都把第一層拿來當民宿。最有意思的，這些世界遺產目前都有人住，完全正常生活，開了店舖或民宿。（下）合掌屋的屋頂全用茅草織成，不但不漏水，還擋風擋雪。

住民宿多是一泊二食，按人頭計費，源作的費用是每人八千八百二十日圓，講起來不算便宜，可是晚飯時間到了，我便放棄要去殺價的念頭。那天只有我和趙薇兩個客人，晚餐布置在起居室正中的圍爐旁，足足有十多樣菜，主菜有烤魚和飛驒牛肉，很過癮，但最過癮的還是女主人對待男女客人的方式。我和趙薇對面而坐，女主人見我們坐定，馬上把飯鍋移到趙薇旁邊，把菸灰缸移到我旁邊。嘿嘿嘿，在日本，做男人有時真的很不錯。我順理成章地把飯碗遞給趙薇說：盛飯。她當然會幫我盛，至於日後我是否因此付出極高昂的代價，則是連想也不用想的問題。

吃完飯，男主人鈴口光雄也下班回來，他一邊在爐子裡加木柴，一邊和我們聊天。他說其實合掌屋的問題很多，按照當地大家族制度的傳統，雖然全家都住在一起，可是繼承權只屬於長男。自從列為世界遺產後，白川鄉的合掌屋頓時身價高漲，也引起許多繼承上的糾紛。整個荻町合掌集落只剩下一百一十二棟合掌屋，大家都想搶，加上都是木頭和茅草的建材，容易引起火災，因此他們在處理家族紛爭和防火上都要花費很大精神。

我吃飽了沒事幹，問他是不是長男。鈴口光雄笑起來，「我當然是長男。」我也是長男，結婚後則進化為「不長進男」。

東京給人的印象是現代、速度和女孩頭上五顏六色的頭髮，不過到了飛驒山區，卻顯現出日本傳統的一面。我想起晚飯的飯鍋和女人負責添飯的傳統，嗯，我覺得日本人的某些傳統是很不錯

在白川鄉的源作民宿吃到的晚餐，很豐富。主菜正是飛驒牛肉，有股特別牛肉的香味。

的，也該列為世界遺產，全球遵行。

早上起來，發現全白川鄉的男人都忙著做同一件事：剷雪。有的家庭甚至用防火的消防水管來沖雪，忙成一團，讓急著找烤糰子、烤五木餅的我很慚愧，原來日本女人盛飯，男人剷雪，倒也是很理想的分工。幸好台北沒雪。

山區除了白川鄉之外，另一個合掌聚落在五箇山。在白川鄉逛過癮後，我和趙薇換乘當地的加越能巴士往高岡方向，繼續我的天堂之旅。沒有料到五箇山村落分散的區域很大，我選了位於正中的皆葎站下車，以為這樣正好可以看遍五箇山，好好欣賞天堂，沒想到我錯了，因為當我下車時，司機和其他的乘客都用困惑的表情望著我們，果然，皆葎位於兩座橋的中間，除了雪，什麼也沒有。

加越能巴士一天只有四班，我只好答應趙薇回到名古屋陪她去三越和高島屋百貨公司，求她陪我往前走，不要再繼續賴在地上。

在雪地裡掙扎半個多小時，到了下一站的上梨，那裡有幾棟合掌屋，其中的村上家已有四百年的歷史，不幸地，歷史果真如趙薇說的，不能當飯吃，而我們還得再等兩個小時才有巴士來。突然，趙薇發現山頂有溫泉旅館，去洗個溫泉如何？

山頂上是國民宿舍五箇山莊，洗一次溫泉一個人只要四百日圓，比起一泊二食一個人要一萬五千日圓的溫泉旅館便宜多啦。問題是我忘了帶毛巾，在淡季時旅行的最大好處是遊客不多，整個男湯裡面只有我一人，那天我洗完溫泉是用吹風機把身體吹乾的。四百日圓，真好。

終於等到下班巴士，開始漫長的巴士之旅，原想一路就坐到高岡，不料實在坐太久，膀胱受不了，急著在中途的礪波下車，改乘城端線的火車。總之，這次旅行我把日本有的各種公共交通工具毫不吝嗇地全試過。

到了高岡，我能轉北陸線火車去日本海邊的大漁港金澤市，頓時腦中出現紅通通的伊勢蝦（龍蝦）、銀閃閃的竹莢魚、黃澄澄的鮭魚卵。也許那是另一個天堂的開始吧。

在這次白川鄉的探索天堂行動裡，我得到幾個啟示：

・古蹟未必有趣，可是住在古蹟裡，試著去感受當地人的生活就有趣了。例如我住的源作民宿，日本人真是愛乾淨，害我連上廁所都不敢太大聲。日本太太雖說是家庭主婦，但她們的工作也不輕鬆，像有個太太去做SPA，按摩師好奇地問她，肌肉這麼緊，是做什麼行業的呀？太太回答：家庭主婦。按摩師回答：喔，難怪。

・行前要蒐集好資料，別再重蹈我在五箇山犯的錯誤。我有個毛病，老是認為沒什麼大不了的事，下錯車，用腳再走就行了。我錯了，揹著背包和兩公斤的日本米走在雪地裡，會鬧離婚的。

・保護古蹟是全民運動，待在白川鄉時，經常會聽到村子的廣播，大多是要大家檢查消防設施，或乾脆就是消防演習。白川鄉還要求每個觀光客把可分類的垃圾帶回家，我在那裡幾乎看不到公共的垃圾桶。

・出去尋找天堂，如果帶著老婆或女朋友，記得，凡事先認錯，保證傷害會減到最小。例如老婆說民宿的菜不好吃，你要馬上承認訂錯家了。例如老婆說山路難走，你要馬上躺在泥雪堆上讓

這是五箇山公路旁的公共便所，讓我去方便的所在。

她有下腳之處。再例如風雪來襲，你更要馬上承認沒把家裡的電熱器帶來是絕對的大錯誤。我的意思並不是說不要帶老婆去旅行，我的意思是你一定要帶老婆去旅行，然後不停地認錯就對了。

{data}

〔交通〕

從名古屋往高山和白川，可以搭乘高山本線的特急「WIDE VIEW 飛驒」快車，到高山市要兩小時十分，下來換濃飛巴士去白川鄉。

從東京去，則可以先搭特急「NOZOMI」快車，一個小時三十九分抵達名古屋，再換高山本線。或者由新宿搭中央本線的「SUPER AGISA」到松本，費時二時三十分，再換特急巴士去高山，要二時二十分。

〔住宿〕

高山市有很多現代化的旅館，白川鄉就沒有，而且這個地區以日式旅館、溫泉旅館和民宿為主，大部分也提供一泊二食，可是價錢不便宜，一個人總要七、八千日圓或甚至上萬。既然來到飛驒山區，不住日式旅館，好像有點可惜。

〔行程建議〕

三天兩夜最佳，第一個晚上住在高山市或其他的溫泉區，下呂就很方便，第二個晚上則在白川鄉。如果要省錢，可以選擇便宜的旅館，然後花入浴費去洗溫泉，經濟實惠，再說三餐都可以用拉麵打發。

金澤感動的春節

張國立

結束白川鄉的合掌屋之旅後，我有幾個選擇：一是順原路打道回府。二是到東邊的奧飛驒去洗溫泉，可是趙薇想去金澤，她說想吃海鮮。天大地大都不比老婆大，而且由五箇山一趟巴士到高岡，便可以換北陸線的火車去金澤，很近，再從金澤回名古屋也不錯，於是我嚐到雪天的折磨。

金澤在日本歷史上也相當有名，是戰國末期德川幕府最重視的加賀藩（藩：諸侯）前田利家一族的大本營，在他們的十三代傳承之中，一再受到加封，其領土甚至加到百萬石（石：糧食的計算單位），從十六世紀到十九世紀，後來由於德川幕還政天皇，而明治天皇再推動撤藩設縣，才消失於日本的政治舞台。

一個家族統治一個地區近三百年，其間又沒有重大的戰爭，可見加賀地區長期安定必然富庶，現在的富山縣、石川縣和福井縣都屬於古加賀地區，它們靠近日本海，又稱北陸地區。

因此金澤的觀光重點都集中在前田家族的遺跡上，包括著名的金澤城公園、兼六園等等。最令人心醉的則是兩條茶屋街，由金澤車站坐巴士到橋場町下車，先到東茶屋街，這裡原是加賀藩主要的社交場合，街兩邊全是保存下來的「格子屋」，中間是新鋪的石塊道路，整齊又乾淨，其中的懷華樓原稱越濱亭，是家茶屋，為當時詩人墨客常聚首的地方。再往裡走則是茶房一笑，本來是丸八製茶場的老店，後

西茶屋街兩側的格子屋，如今裡面有很貴很貴的料亭，一個人要一萬兩千日圓以上。搶人囉。

來以江戶時代俳人（寫俳句的詩人）小杉一笑重新命名。

由於正好下雨，天又冷，我和趙薇就鑽進紅色門巾進一笑去喝茶，茶加果子，一個人要一千日圓，相當三百多的台幣，不過因為裡面的布置很精美，尤其每張桌子都有盆插得別具匠心的花，也算值得。

它有四種茶：抹茶、煎茶、玉露和棒茶，以棒茶最香，坐在裡面真有樂不思蜀的感覺。有點要強調一下，服務生美眉都很可愛，讓我爽心悅目地喝完棒茶還想喝抹茶。

西茶屋街比較遠，由車站坐巴士到廣小路下車，也是日式的格子屋，附近有二十世紀初著名的詩人室生犀星的紀念館。

典雅的一笑茶房，門前的紅布招很性感，日本人的配色有時也很大膽。

雪椿民宿特製年夜飯

美歸美，茶香也歸茶香，真正讓我有如置身天堂的是下榻的民宿雪椿。本來我打算在金澤待兩天，第一天到達時天色已晚，便住進車站對面的 ECONO 飯店，這是屬於綠色旅館連鎖集團下的一家，房間很小，可是很便宜，只要六千多日圓，是我此行住過最便宜的旅館。

第二天我想試試不一樣的住宿，便打聽到一家當地非常著名的民宿，由澤野茂明和他妻子陽子共同經營的雪椿。地點在兼六園附近的一個小巷裡，而這條巷子看起來還挺高級住宅的模樣。從外表看，雪椿很日式，大門是木製的格子門，走進去有個小庭院，整理得很有點庭園味道。

走進房內後，才發現原來是西式的房間和布置，一樓並且有個起居間，裝有火爐、書架，小

一笑茶房：一千日圓的下午茶套餐，棒茶加上和果子。TAKAIDESUNE。

到哪裡我都一定吃拉麵和迴轉壽司，這是近江町市場內的迴轉壽司店，看我面前的盤子，這天很保守。

雪椿民宿特別為了我們準備的新年年菜。

西茶屋街的一個角落小店，也非得搞得有點禪味不可。

這是金澤城，凸出在外的咖啡色小木屋叫做菱櫓，在防守時可以藏兵其中，來對付試圖攀爬上來的敵軍。

閣樓上更有電腦和更多的書架。房間都在二樓，而順著樓梯上去，居然還有一個小小的起居間，並設有自助式的茶和咖啡機，坐在那裡還能看到窗外另一個小庭園，簡直比起台北的家還要舒服。

住進去那天是除夕，澤野先生知道我是從台灣來的，特別在門上掛著一張倒著的紅紙「福」字，他還不解地問我，為什麼「福」要倒著掛呢？顯然他是從中國人的商店買回來的。

既是除夕，我和趙薇決定出去要大吃一頓，在金澤逛了一天，到了傍晚，忽然間天地變色，狂風中夾著雪花，而我們打算要去的那家餐廳又客滿。幸好趙薇的鼻子一向很靈，她帶著我拐進香林坊的一條小巷子內，哈，是家賣黑輪（其實它的正確發音是：ODEN）店，名叫高砂，由對中年夫婦經營，熱騰騰的蒸氣都冒到房外去，遠遠便讓人有股溫暖的感覺。

我們原打算吃完晚飯再去喝喝酒，看著窗外的天氣，只怕很難如願，便乾脆在高砂就大吃大喝一番。我媽說，這叫乞丐命，有一頓就先吃一頓，誰曉得下頓在哪裡呀。

吃黑輪有個好處，不必會日語，直接用手去指湯鍋裡的料。我自以為是的老毛病又犯了，認為用手指點不禮貌，可是日語又不好，菜牌上的日文和鍋裡的菜，完全沒法子聯想到一起去。我也有我的辦法，望著牆上的菜牌像軍隊裡晚點名式的唸，果然，我吃到蘿蔔、甜不辣、福袋、章魚腳、魚漿做成的各式東西，吃得我不亦樂乎，而且帶有點冒險的味道。

從來沒有吃黑輪吃到快脹破肚皮的地步，走出高砂，外面已風雪一片，到處找公車站都沒找到，正在徬徨之際，突然有繫著圍裙的日本太太追來喊我，竟是我忘在高砂的手套，她硬是跑了十分鐘的路追來還我。這是個讓我感動的除夕夜哪。

回到雪椿，泡完澡，和趙薇到一樓的起居室去欣賞屋外的雪景，澤野先生送來兩碗蕎麥麵，他說日本人過年要吃麵，聽說中國人是吃餃子，但他不會包餃子，就以麵來祝賀中國新年吧。

我和趙薇捧著那碗麵，明明早吃不下，卻激動地全吃完。這還不算，接下來有咖啡和陽子做的蛋糕。不論屋外的雪多大，屋內的我卻打從心底暖和起。

天堂，我來到天堂了。

第二天早上，金澤已改頭換面，不僅庭園的樹枝上都覆蓋了厚厚的雪，連停在對面院子裡的汽車也都沉在雪堆中。我邁向一樓的餐廳，這是猴年的初一，新年的第一天，我們的餐桌上已先擺了兩個小巧的木盒，澤野先生招呼我們坐下，他說，既然是新年，再按照日本的規矩，吃年菜吧。

平常有人賞吃的給我，都會讓我想抱住對方的大腿，如今身在風雪異國，居然還有人關心我的新年，我永不滿足的胃，我——要不是趙薇拉住，我真有跪下去道謝的衝動。

吃完兩盒年菜，再來是陽子的鹹肉配上西式炒蛋，還有麵包和咖啡。從年尾到年頭這十二個小時，我保守估計所攝取到的熱量，可能三天都不用再吃飯啦。

我小心地跨出蹣跚的步伐，再扶著隨時可能滾出大門的趙薇，澤野先生可能早就看出我們無法坐公車了，他叫來計程車，穿著短袖T恤便幫我們提行李出去，那時我想，能不能在金澤賴著不走呢？說不定澤野先生為了中國新年，再給我弄來十八道的年菜？

沒有火車也沒有旅館

車子在雪中勉強的前進，司機告訴我們，很多路都走不通了，因為一個晚上下了四十九公分的雪。總算到了車站，連短短十公尺的路，我都被風雪吹得幾乎跌倒。

我仍陶醉在過年的感覺裡，不料風雪愈來愈大，所有火車都延誤，我和趙薇在車站裡由上午十點等到下午五點，確定所有班次都停開，再去排了一個小時的隊換明天的車票，還得付四百日圓的手續費。換好車票，才又發現，整個金澤已訂不到旅館，在當地租的手機也沒電，想走出車站，也被吹回來。

怎麼辦？我不停地拿手機去排隊「百圓充電」，再掏出所有的銅板打電話訂房，甚至拜託東京的朋友幫忙。上帝關起一扇窗戶必會打開另一扇，東京的朋友報來好消息，她說訂到一家純日式的旅館，而且離車站不遠。

那時已晚上七點半，趕去旅館，果然，很像二十年前我在嘉義住的老旅館，入口處有塊大杉木做的屏風，大廳的沙發也全是木製的，恐怕歷史都超過我。因為臨時才訂，只能泊，沒有食，那晚，我和趙薇捧著在車站買的五百日圓便當，配著自動販賣機的熱生茶，再加一個梅子飯糰當晚餐，然後默默祈禱，希望第二天早上六點二十六分的火車不要再因風雪取消，否則我們會趕不上回台北的班機，會趕不回丈母娘家拜年，會走在金澤街上四處行乞，會在冰雪裡喊著：好心的先生太太，有誰能施捨我們一點熱呼呼的黑輪，或是亮晶晶的竹莢魚握壽司唷。因為，我們幾乎把所有的錢都換成行李裡的日本米、白川鄉的漬菜、金澤的和果子、東茶屋街的棒茶，和一條被趙薇快把我嗆死的日本香菸囉。

下榻的雪椿民宿，在離開那天早上已變成這幅景致，站在門前的是老闆澤野先生，他的身體好像比我好？

冬天去西日本就會遇上這種場面，一夜暴風雪，所有交通停擺。

{data}

〔雪椿民宿〕

從金澤火車站坐巴士到「兼六園下」這一站下車，雪椿在旁邊的巷子裡，對面有所學校。

石川縣金澤市小將町四番十七號，（076）223-5727

〔去金澤的方法〕

若是從東京去，從東京車站可以坐上越新幹線，到越後湯澤驛後，再轉乘特急HAKUTAKA號，費時四小時二十分。

從新宿站、池袋站出發，都可以坐夜行巴士，費時七小時三十分。

從名古屋去，則可以坐特急SHIRASAGI號，每兩個小時一班，車程約三小時。也有巴士去，車程四小時。

從大阪去，則搭雷鳥號特急快車，車程兩小時四十分。

距離金澤最近的機場是小松，可以由這裡坐火車去金澤，只要四十分鐘。

〔金澤周邊〕

西邊有湯涌溫泉，所有的溫泉旅館都集中在湯涌荒屋町和湯涌田子島町。

往北則是著名的能登半島國家公園，也是夏天理想的避暑聖地。

往東是岐阜縣，進入飛驒山區。

國家圖書館出版品預行編目資料

男人的日本，女人的日本／張國立・趙薇著
--初版.--臺北市：皇冠文化. 2012.6
面；公分（皇冠叢書；第4110種Party；73）
ISBN 978-957-33-2911-4 （平裝）

1.遊記 2.日本

731.9 101010018

皇冠叢書第4110種
PARTY 73
男人的日本，女人的日本
作　　者—張國立・趙薇
發 行 人—平雲
出版發行—皇冠文化出版有限公司
台北市敦化北路120巷50號
電話◎02-27168888
郵撥帳號◎15261516號
皇冠出版社(香港)有限公司
香港上環文咸東街50號寶恒商業中心
23號2301-3室
電話◎2529-1778　傳真◎2527-0904
責任主編—盧春旭
責任編輯—丁慧瑋
美術設計—小美事設計事物所
著作完成日期—2012年3月
初版一刷日期—2012年6月

法律顧問—王惠光律師

讀者服務傳真專線◎02-27150507
電腦編號◎408073
ISBN◎978-957-33-2911-4
Printed in Taiwan
本書定價◎新台幣280元/港幣93元